後悔しない子育て

世代間連鎖を防ぐために必要なこと

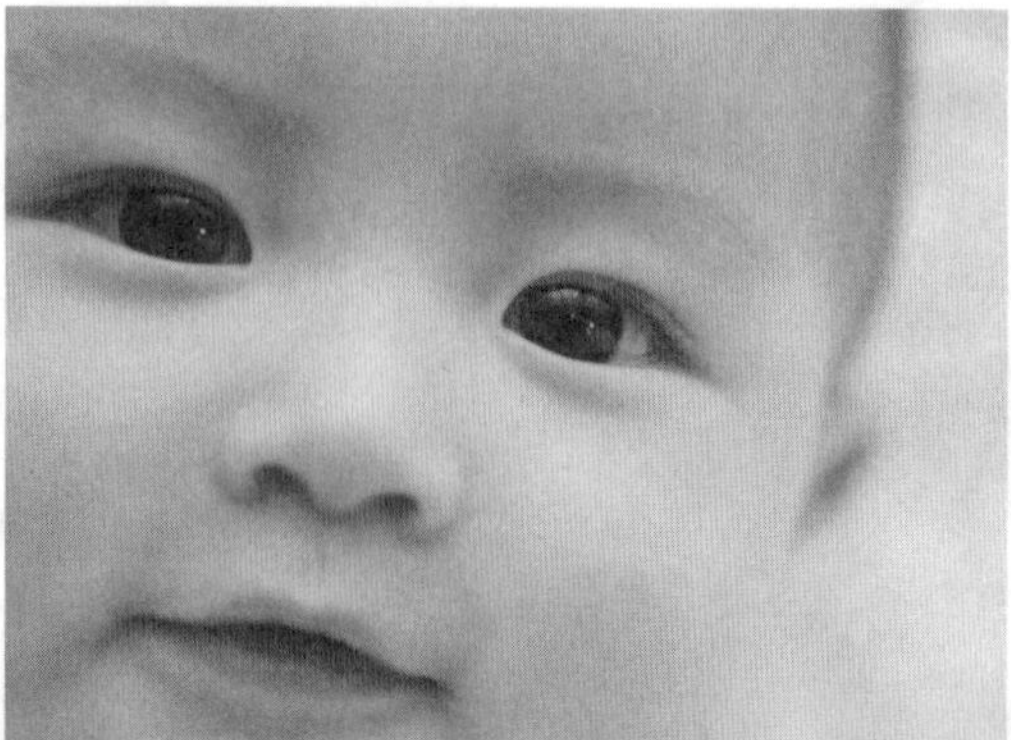

信田さよ子

講談社
kokoro library

はじめに

子育て本が母親の不安を増している

書店を訪れても、インターネット上のサイトを見ても、世の中にはじつにさまざまな育児書や子育ての情報があふれていることをご存じでしょうか。近年ではそれらが子どもの年齢別に細分化され、男の子、女の子、一人っ子、などによってバージョンが違っているのを見ると、ちょっとめまいがしそうな気がします。またここ数年は、元気な中高年の登場によって、じいじ・ばあば、つまり祖父母のための孫育て本まで登場しています。

古稀を過ぎた私の子育て時代を振り返ってみると、１９７０年代には小児科医の書いた本が数種類あっただけではなかったでしょうか。それらもいわゆるゼロ歳児期を過ぎると、おおざっぱな心構えを書くくらいで、現代のような手取り足取りといった微細な記述はほとんどありませんでした。

核家族が大量に生まれてはいましたが、身近に子育てを手伝ってくれる両親がいないという私のような育児環境に置かれる女性たちは、当時まだ少数派だったことも大きかったかもしれません。実母や姑の経験則による子育てが影響力を保っていたのです。

現在のように、育児書がここまで具体的な方針を示してくれるようになって、多くの母親たちは育児不安から解放されたのでしょうか。現実はその逆ではないでしょうか。情報がさまざまにあふれることで、いったいどれを信じていいのか、どの本に書かれていることが適切なのかがかえって見えなくなっている気がします。道が3本しかないときの迷い方と、5本も6本もあるときの迷い方では違ってくるでしょう。

子育てに関する情報が多様化し氾濫することが、多くの親を不安に陥れてしまう危険性があること。

子どもを性別や年齢によって細分化することで、対応がパターン化されてしまい、それによってパターンどおりに実行できない親が自分を責めてしまいがちであること。

この2つが問題点として見えてきます。

育児書を読むのは母親だけ？

視点を少し外にむけて、子育てをめぐる状況を考えてみましょう。この20年ほどで家計収入の二極化が進み、中間層が減少しました。また女性の有職率が上がり、仕事も子育てもという生き方が肯定的にとらえられるようになったこと、非正規雇用者の割合が増大して家計収入を維持する必要が増したことなどから、共働きが当たり前になり、専業主婦は少数派となりました。

さらに、高齢者が増えるとともに祖父母の孫育てへの参入も当たり前となりました。非婚少子化という言葉がマスメディアでとりあげられるようになって久しいですが、結婚年齢の上昇に伴って30代の出産が珍しくなくなりました。

このようにあげていくときりがありませんが、21世紀に入って子育てをめぐる状況が大きく変化していることに間違いはありません。ただ変わらないことがあります。そのひとつは「育児書を読むのは母親」というものです。この本も、主として母親を対象としていますが、できれば父親である男性にもぜひとも読んでいただきたいというのが私の願いです。

もうひとつ変わらないもの、それは「子育てをめぐる不安」です。少子化の背景である結婚年齢の上昇と出生数の低下を考えると、少なく産んで大切に育てるという親の姿勢が浮かび上がります。このことが「この子に何かあったらどうしよう」という不安、「育て方しだいで子どもがどうかなってしまうのではないか」という不安へとつながっていきます。

子育てとは、日々の対応に追われながら、明日はどうなるだろう、これでいいのかという不安を抱えながら行われているものなのです。それでも、もっと大きな喜びや楽しみによって、かろうじてバランスをとっていくものだと思います。

子育てをしている女性たちには、自分一人の努力で不安を解消しようと思わないでほしいのです。夫との関係や、親との関係、そして身近で支えてくれる知人や友人との関係が不安の解消に大きく影響します。そのことはどれだけ強調しても、し過ぎることはありません。

もくじ

はじめに —— 1
プロローグ　家族の問題を防ぐための「逆算の子育て」—— 14

第1章
「叱り方」「ほめ方」が子どもに与える影響

子どもへの脅し文句が「いい子」をつくり出す —— 28
ある母親からの相談 —— 28
「私は子育てが下手なんだ」—— 30
「あんたはいいよね、私なんか」と言う母親 —— 32
母親は子どもへの嫉妬に気づかない —— 34
子どものせいにする、という逆転 —— 35
草色のコートと母の家出劇 —— 37
「いい子」はこうしてつくられる —— 39

子どもを伸ばす「ほめ方」、ダメにする「ほめ方」 42
子育てにも流行がある 42
しつけの基礎は「苦痛への恐れ」 44
「95点のテストは見せられない」 45
2通りのほめ方 46
「結果がすべて」の世界 48
親の欲望スイッチが入るとき 51
お金で子どもを操作する 52
母の愛とお金 54
子どもに「命令」できない親 57
電車の中で見かける親たち 57
「シーッ」では子どもは静かにならない 59
騒ぐ子どもを黙らせる方法 63
子どもに命令することに怯える親 65
「お願い」口調は親の責任逃れ 68
「お願い」では子どもと向き合えない 70
子どもを混乱させる、感情にまかせた「叱りっぱなし」 73

大声で怒る母親 73
怒りの温度計 75
怒りの表現方法はひとつではない 76
自分しか見えない親 77
「私は透明な存在」 78
叱るのはいけないことか 80
親子は対等ではない 82
怒ってしまったらフォローする 84

第2章 子どもは大人の人間関係を見て育つ

母子密着のリスク 88
幼稚園に通う息子が問題児に? 88
この夫とやっていくしかない…… 90
母親の孤独と「母子密着」 93
「イクメン」は増えたけれど…… 96
イクメンが引き起こす「子育ての覇権争い」 98
子どもは「仲間はずれ」でもいい 100

夫婦喧嘩を見て子どもが知ること――102
子どもは質問で「世界」を知る――102
面前DVが子どもに深刻な影響を与える理由――104
「あったこと」が「なかったこと」にされる世界――106
明日も生きていくために「なかったことにする」――109
説明することで、子どもを安心させる――111
面前DVという「新しい虐待」――114
「密着」と「愛着」との大きな違い――114
イクメンが母子密着を生み出すこともある――116
面前DVという心理的虐待――118
虐待の70％以上は心理的虐待である――120
親のDVは子どもに深刻な被害を与える――122
「愛のムチ」なら許されるのか――124
子育てとは、子どもの安全地帯であること――125
ママ友との「闘い」と子どもの心――127
「ママ友」という言葉のはじまり――127
「ボスママ」を頂点に序列化された世界――129

「○○くんのママ」と呼ばれること 130
ママという仮面が人間関係をむき出しにする 132
「ほめほめ競争」が子どもに強いること 133
差別観を植えつける「あの子とは違うのよ」 135
他人と比べて子どもを支配する 136
ママ友との「闘い」が子どもに与える影響 138
パワフルな祖母にふりまわされる母と子 140
結婚できない息子（娘）はかわいそう 140
結婚は人生最大の保険？ 142
マウンティングの「駒」としての孫 143
どうして「孫はかわいい」のか？ 144
ふくれあがる、パワフルな祖母の役割 146
3世代にわたる子育ての軸 148
孫に自分の乳房を吸わせる祖母 149
母親になったから「母」を批判できる 151
謙虚さを持てない祖母にご用心 153
孫に執着する「ばあば」から逃れるために 155
「おばあちゃん」から「ばあば」への変化 155

「老い」を否認する高齢者たち　156
私は「おばあちゃん」じゃない　158
「死への恐怖」を孫が消してくれる　160
孫がいれば、娘は「用済み」？　161
孫への思いが狂気じみてしまう理由　163
「私は親孝行な娘」と言い聞かせる　165

第3章　親が子どもに与えられるもの

子どもを生き生きさせるために　170
「スマホに子守りをさせないで」　170
「スマホ育児」という言葉の賞味期限　172
ゲーム依存・ネット依存という深刻な問題　174
ゲームやネットより面白いこと　176
「生きている」感覚がほしい　179
ほんとうの問題はスマホ育児にあるのではない　181
「アイ・コンタクト」は子育ての基本　182

「男の子らしさ」「女の子らしさ」の押しつけ 184
まったく進歩していないもの 184
「男の子」「女の子」に分けることの効果 185
育児雑誌の人気特集は…… 187
「らしさ」の巧妙な押しつけ 189
ママの不安を解消する「カテゴリー分け」 191
「育児責任」に押しつぶされるママたち 192
家庭での「性別役割分業」の刷り込み 193
世代間連鎖の防止に必要なこと 196

誕生日プレゼントを子どもに選ばせる？ 198
「誕生日会」というセレモニー 198
クリスマスにまつわるフィクションとネタバレ 199
プレゼントは「受動的」なものである 202
子どもの希望を聞く親の5つの心理 204
「自己責任」を負わされる子ども 205
「選ばせる」ことで子どもが失うもの 208
プレゼントに子どもへの深い関心をこめる 209

子どもの成長に影響するのは「愛情」よりも「安心感」――212
2つの虐待死事件とDV――212
「育児責任はやっぱり母にある」――213
母性愛幻想がもたらした「世代間連鎖説」――216
父のDVを見て育つ息子――217
世代間連鎖を防ぐ2つのキーワード――218
「安心感」の持てない子どもに起こること――220
子どもの「不快」を受け止められない――222
子どもが泣いたとき、自分に課すべきこと――225
世代間連鎖を防ぐための第一歩――226
おわりに　～たぶんこれは「最強」の子育て論だ――230
参考文献――236

装丁・本文デザイン・本文図表　加藤愛子（オフィスキントン）

後悔しない子育て

世代間連鎖を防ぐために必要なこと

プロローグ
家族の問題を防ぐための「逆算の子育て」

「家族の問題」から見えてきたもの

この本は、長年カウンセラーとして、親子や夫婦など家族の問題に取り組んできた私が初めて取り組む子育て論です。

摂食障害、うつ病、子どものゲームやインターネットへの依存、40歳近くになる息子の引きこもり、夫のＤＶ（ドメスティック・バイオレンス）、嫁から孫への虐待、夫のギャンブル依存症、娘のリストカット、息子の不登校、などなど、数え上げればきりがないほどさまざまな問題が家族には起きています。日々のカウンセリングにおいて、こうした問題で苦しんでいる人たち、母、父、妻、夫、娘、息子、祖母、祖父……それぞれの立場から、切実で生々しい多くの言葉を聞いてきました。

そして気づいたことがあります。そうか！　今、家族で起きているこれらの問題は、いったいどのようにすれば防げたのか？　防ぐために必要なことは何だろう、下流で対処するだけでなく、上流から取り組むという視点で子育てについて書いてみたらどうだろう、と。起きたことに「こうしたらいいですよ」と対応を提案するだけでなく、「○○を防ぐにはこうしたらどうでしょう」という予防の方法も示す方向性といえるでしょう。

交通事故が起こって初めて制限速度や交通法規の必要性が見えてくるように、家族のさまざまな問題も、それに対処してきた経験があるからこそ、必要なルールが見えてくるような気がします。

「逆算」の子育て論

現実からさかのぼって、問題が起こらないようにする。答えが出ているからこそ、別の解が生まれるようにする。それを私は予防から一歩すすめて、「逆算」の子育て論と呼びたいと思います。

そこには2つの意味があります。ひとつは世代間連鎖の防止です。**多くの親たちが、そ**

のまた親たちから受けた育児態度やしつけ、もっと具体的に言うなら虐待に近い経験を、子どもに対して繰り返したくないと考えています。結婚はしたものの子どもを産むことにためらいを抱いている女性は、カウンセリングでは珍しくありません。男性の中にも、「自分の親子関係を振り返ると、とうてい親になる自信がないので、夫婦２人だけの人生を選んだ」という人もいます。

子どもがいる場合でも、自分の父親にアルコール問題があった男性は、子どもの目の前では決してアルコールを飲まないようにしたりします。自分の経験から逆算することで、つらかった経験を子どもに伝えないようにしている人たちが少なくないのです。彼ら、彼女たちの願いや希望に添えるように、そして世代間連鎖を防ぐのに役立つように、本書では具体的にいくつかの提案をするつもりです。

もうひとつは、広い意味での虐待防止です。そもそも日本語の「虐待」という言葉は、英語のアビューズ（abuse＝abnormal use）やマルトリートメント（maltreatment）を語源としています。つまり子どもに対するよくない利用、よくない扱いのことを指しています。ところが「虐げる」という字が用いられているために、虐待というと、殴る蹴るといったとても残酷でひどい行為のことを指すと考えられがちです。

しかし、近年では親のＤＶを見せること（目の前でお父さんがお母さんを怒鳴る、殴る、蹴る、食器を割るなど）も「面前ＤＶ」という心理的虐待とみなされるようになりました。夫のＤＶがひどくて１１０番通報した場合、かけつけた警官は、その場に子どもがいれば、目の前のＤＶへの対処だけでなく、面前ＤＶという心理的虐待が起きているとして児童相談所に通告しなければならないことになったのです。

また、母親が「あなたのために」と言いながら子どもに勉強を強いて、自分の思い通りに子どもの人生を決めていくようなことも、広い意味での虐待と考えていいでしょう。

幅広い年齢の人たちの語る生育歴、社会的に活躍しているにもかかわらず毎晩悪夢にうなされている人たちの幼いころの記憶などから逆算していくと、「**これだけは子どもに対してやってはいけない**」行為が浮かび上がります。そして親の立場からはなかなか見えづらい、子どもは何が苦しいか、何がつらいかということがらも見えてきます。

びくびくしない子育てのために

「世代間連鎖を防ぐために」「虐待を防ぐために」という2つの柱が、逆算の子育て論の中心となります。

「これだけはやってはいけない」という大枠を示されると、「まあまあ大丈夫」という許容範囲も見えてきますので、母親の育児不安の軽減にもつながるでしょう。何かするたびに「これって虐待じゃないのか」とびくびくすることも少なくなるはずです。

また、子育てとは切り離すことのできない、ママ友との関係、夫婦関係、子どもへのお金の与え方、叱り方、言葉遣い、といった具体的な問題について考えることも、逆算の子育て論には必要になってきます。

カウンセラーとしての数多くの経験から、可能な限り具体例を示しながらお伝えしていくつもりです。トピックスとして挙げる問題は、私自身が電車などで見かけた、びっくりするような母親の態度などからヒントを得たものもあります。

いずれにしても、子育てにおいて起こることへの対処方法を具体的に述べながら、いっぽうで家族に対する基本的な認識についても述べるようにするのが私の姿勢であることをお伝えしておきます。

「家族」に決まりはない

まず最初に、家族をどうとらえるかという土台の部分を明らかにしておきましょう。何事も土台がしっかりしていないと、その上に何を積み上げてもすぐ崩れてしまいます。というわけで、少しわかりにくいかもしれませんが、お城の石垣にあたる部分になりますので、がんばって理解してください。

そもそも家族が誕生するのは、一組の男性と女性が結婚するからです。もちろん近年の同性婚や事実婚もそこには含まれます。2人がいったんは「愛を誓う」ことから始まる家族は、「愛の結晶」としての子どもをもうけることになります。そこから親子の関係性がはじまるのです。順序から考えれば、父と母の組み合わせが先にあって、そこから親子という組み合わせが生まれるのであって、その逆ではないということを強調したいと思います。

家族についてはいろいろな定義がありますが、「これが家族だ」という定められたものはありません。そう聞くと驚かれる方もいらっしゃるでしょう。学問的に定義はないのか、と。諸説はありますが、これが正しいというものはないのです。とすれば、極論ですが、ある人が猫を10匹飼い、「これが私の家族よ！」と言えば、ひとりと10匹であってもそれが家族になるということです。男性同士や女性同士であっても家族を形成できるということは、私たちがとかくがんじがらめになりがちな「正しい家族」「あるべき家族の姿」というものからの解放につながるでしょう。

誤解を招くといけませんから断っておきますが、家族の多様性と、家族の成員の誰かが傷つき、犠牲になることは別の問題です。多様性や自由は、誰かの犠牲のうえに成り立ってはならないのです。

「虐待」「DV」という言葉はなぜ生まれた?

男女が愛を誓うということは、配偶者以外の異性と性的関係を持ってはならないという独占を意味します。それがどれほど現実的に空文化しているとしても、そのような性的独占こそが夫婦愛の基礎となっています。もちろん夫婦である男女は対等で平等であり、個人として尊重されることはいうまでもありません。

このような、愛に基づいた家族観のことを「近代家族」といいます。日本では明治になって近代国家として世界で存在していくために「家」や「家族」というものを西欧から取り入れました。その中に結婚や愛(ラブ)という言葉も含まれていたのです。広い意味で家父長制はその流れの中にあり、それは戦後も脈々と続いています。

現在では、私たちが家族と呼んでいるのは、近代家族を指しています。そして敗戦後に制定された日本国憲法で定められた基本的人権が、家族においても尊重されるべきであることを何度もかみしめる必要があります。子どもがいつも親から殴られるのではとびくびくしたり、妻が生意気だといって無視されたりすることも、家族において基本的人権を無視されていることになるのです。

家族はしばしば外部からの視線がなくなることで、力がはびこり、無法地帯のようになっていく危険性があります。虐待やDVといった言葉は、このような「親の言うことが正しい」「夫の言うことが正義だ」という力の横暴を防ぐために生まれたようなものです。家族が愛情で結ばれていれば、虐待やDVといった言葉は必要なかったはずです。これらもいわば逆算から、つまり家族の暴力を防ぐために生まれた言葉だといえるでしょう。

原因を探しても解決しない

臨床心理学や精神医学の分野にはさまざまな援助や治療の方法・理論がありますが、その中でも家族療法は興味深いものです。個人を治療するのではなく、個人に焦点を当てて問題点を探り当てるのでもない。家族療法は、家族そのものを対象とします。

中でも家族をひとつのシステムとしてとらえる「システム論的家族療法」（以下家族療法と略す）は、近年のITの発想と通じるところがあります。システムというものは、ほんの一部でも機能しなくなるとすぐに全体に影響してしまいます。システムの誤作動がビル全体の働きを止めてしまうこともあります。家族もそれと同じで、たとえば子どもが4日間登校しなかっただけで、家族全体に大きな影響を及ぼします。

しかし家族療法がITと異なるのは、原因追及をしないという点です。原因を探るならば、たとえばその子の発達状態を調べるとか心理検査をするという方法もあるでしょう。いやそうではない、親の育て方が問題なのだとして、母親への面接を繰り返すという方向性もあります。原因を本人と考えるか母と考えるかという区別を除けば、いずれも「因果論」（原因があるから結果としての問題が生じている、だから原因を除去すれば問題は解決される）を前提としていることは同じです。

家族療法はこのような考え方を斥《しりぞ》けます。家族において生じる問題は、原因があるわけではないとするのです。驚かれる人もいるでしょう。ちょっと知識がある人ほど、何か起こるとすぐに「原因は何か？」と考えてしまうものです。家族療法においては、原因によって問題が起こっているのではなく、悪循環が起こっているのだとします。正確に言えば、因果論から循環的認識論への転換を示唆します。

カウンセリングにおいても、因果論は有害になることがしばしばです。子どもに問題が生じると、周囲も夫も、そして子どもも「母親が悪い」と母親原因説の大合唱になりがちだからです。それがいったい何を生み出すかと言えば、原因だとされた母親の傷つきや孤立感が「あんたが不登校にさえならなきゃよかったのに」とばかりに子どもに向かい、さらなる支配や締め付けにつながることです。まわりまわって子ども本人の状態を悪化させかねない事態を生みます。

私たちカウンセラーの仕事は、原因を見つけ、犯人を摘発することではありません。生じた問題を解消・解決することなのです。不登校だった子どもが学校に行けるようになることだけでなく、行けないとしても毎日を楽しく過ごせるようになること、フリースクールでのびのび学べるように援助することが仕事なのです。

家族が機能するには世代間境界が大切

悪循環をどのように断ち切るか、ということが家族療法のひとつの目的になります。家族療法の中でも、サルバドール・ミニューチンに代表される構造派と呼ばれる人たちは、境界（バウンダリー、boundary）を大切にします。個人の境界というより、両親と子どもたちの世代間境界を重視するのです。

家族をひとつのシステムととらえると、それは夫と妻が形成する「夫婦サブシステム」と、子どもたちの形成する「子どもサブシステム」の2つから形成されます。そして、2

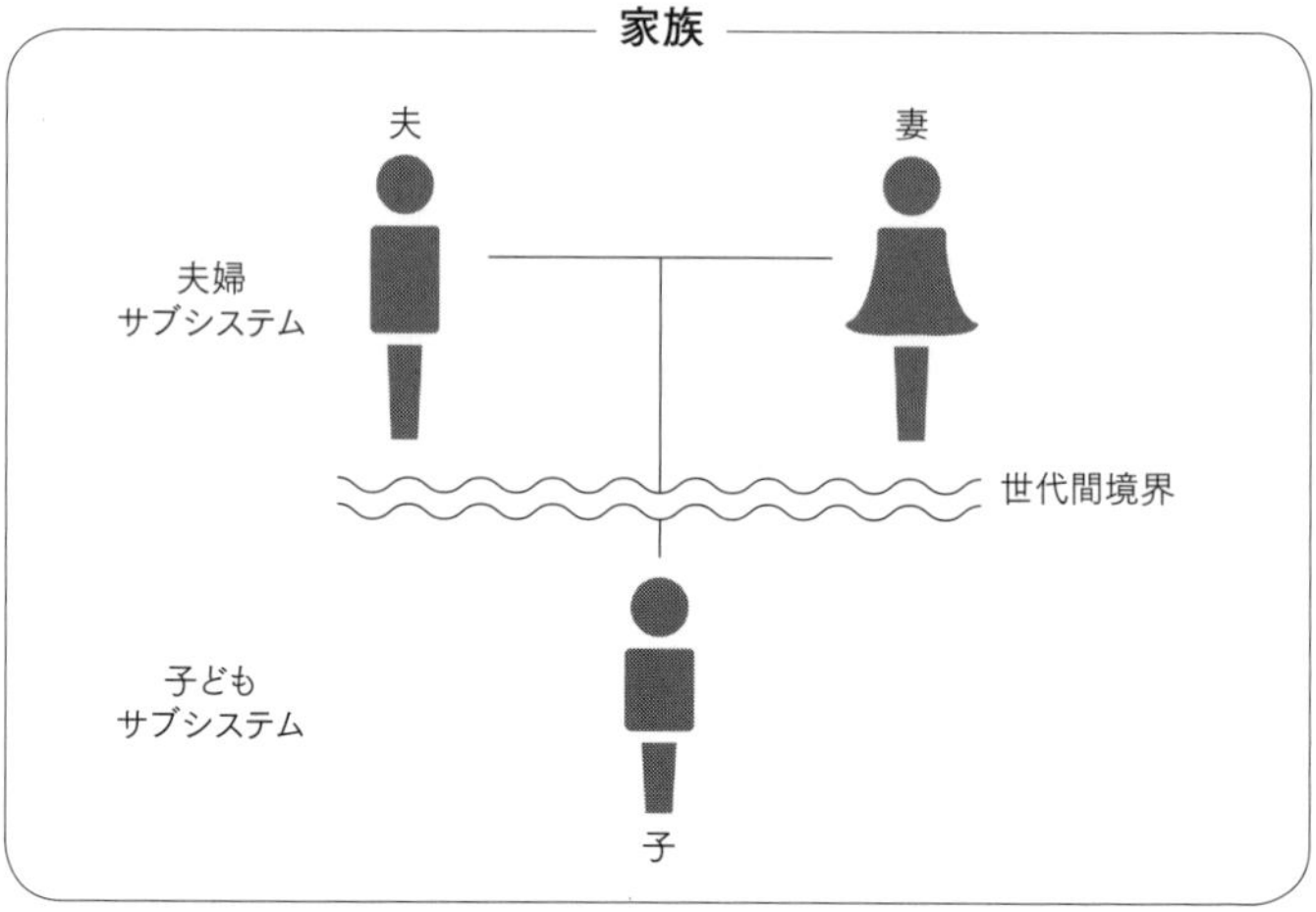

世代間境界が弱いと母と子が密着する

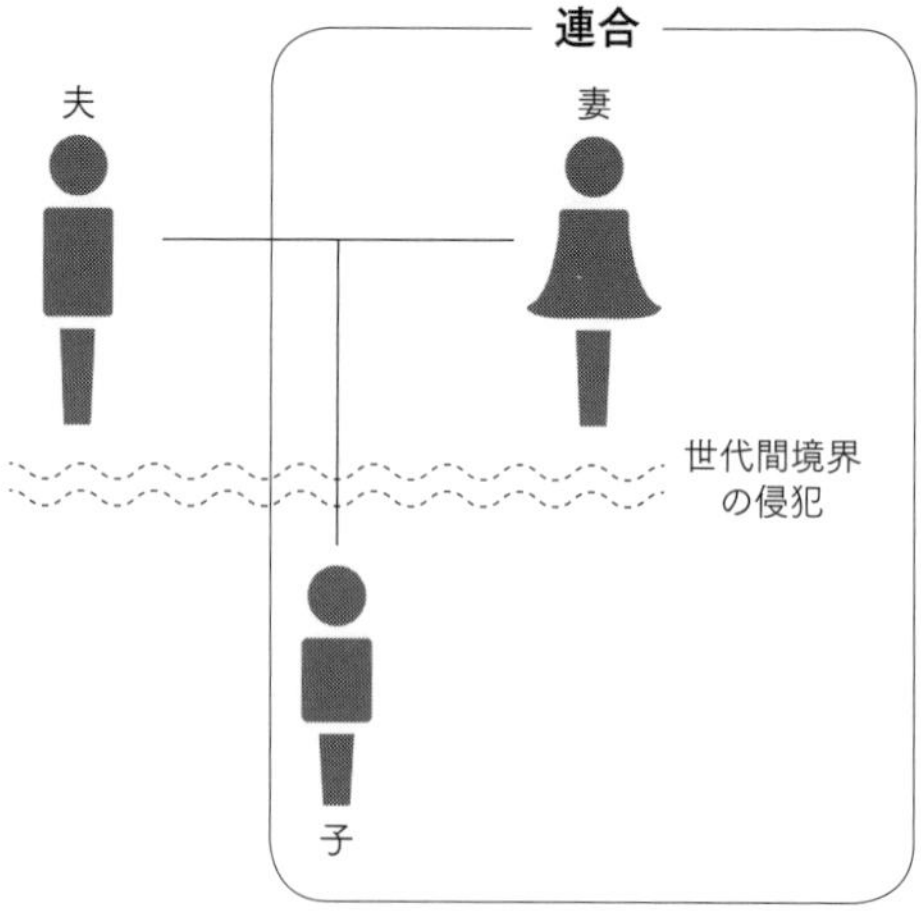

つのサブシステムのあいだには世代間境界が存在するのです。この世代間境界があいまいだったり、ときには弱かったりすると、親のひとりと子どもとが密着して「連合」を形成することになります（図）。

わかりやすく言えば、夫との関係がうまくいかない母親が、子ども（しばしば娘）を自分の望むように仕立てて、夫の存在を疎外してしまうというような現象のことです。このような連合は世代間境界を侵犯することになり、しばしば娘に問題が生じがちになります。ではなぜ世代間の境界を堅く強くすればいいのかと言えば、度がすぎるとかえって家族メンバー間の交流や情緒の遮断となってしまいます。

適度な世代間境界の形成と尊重が、家族関係を適度に機能させる。この考えは私たちのカウンセリングでも重要な役割を果たしているのです。

第1章

「叱り方」「ほめ方」が子どもに与える影響

子どもへの脅し文句が「いい子」をつくり出す

ある母親からの相談

32歳のマユミさんは、夫のギャンブル（パチンコ）依存の問題で半年前からカウンセリングに通ってきています。ある日、深刻な表情で、子どものことでちょっと相談にのっていただけますかと言われました。夫の問題じゃないから迷ったんですとためらいながら、疲れた表情で次のように語りました。

息子のケンタは1歳半になったんですけど、じっとしていないんです。ソファやダイニングテーブルはカバーを掛け直して、汚れてもいいようにしました。それほど狭くないマンションですが、朝から運動会状態になってしまいます。テレビを見ているときだけはじっとしているのですが、言葉がまだ理解できていないのか、すぐに飽きてしまいます。

あまり激しく動くので、いちど区の健診に行ったときに保健師さんに相談してみました。多動気味じゃないでしょうかと尋ねたんですが、心配しすぎないで外遊びの機会を増やしてあげましょうと言われただけだったのでほっとしました。

マンションの隣に空き地があって、遊具が少し置いてあるんですが、同じマンションのママたちが何人か子どもを連れて遊びに来ているので、その仲間に入るのに抵抗があるんです。もともと人間関係が苦手なので、ちょっと緊張してしまいます。思い切って連れて行けばいいのかもしれませんが、しょっちゅう動き回る息子のことを乱暴だと言われやしないか、とても心配なんです。

そのかわりに、週に1回はベビーカーに無理やり乗せて、30分くらい歩いたところにある大きな公園に連れて行って、思い切り遊ばせています。お弁当を持っていき半日くらいを過ごすのですが、そのときだけが解放される時間です。でも、雨が降ったり暑かったりすると、一日どうすればいいのか、朝から途方にくれてしまいます。

そのときに限って息子が言うことをきかなくなる気がします。何度も椅子に上り、大声をあげて飛び降りることを繰り返したりしていると、階下から苦情が来るんじゃないかとひやひやします。

「私は子育てが下手なんだ」

地域の子育て講座は保育つきなのでときどき参加するんですが、講師の先生から、冷静にていねいに言って聞かせなさいと教わりましたので、がんばって伝えようと努力をしてみました。

「はい、やめてください。床をどんどんすると下に住んでる人から叱られちゃいますよ」

「シーッ、お願いだから、やめてください」

最初はゆっくりていねいに言って聞かせるんですが、それでも言うことをきかないとだんだん頭にきて自分でもキレるのがわかります。

「ママ、出てっちゃうから」「そんなことしていると、おまわりさん呼んじゃうから」「いい、ケンタなんかうちの子じゃないよ」「いいかげんにしないと、道路に捨てちゃうからね」などと言ってしまうんです。

冷静に考えればひどい言葉なんですが、こんなにやさしく言ってるのにどうしてわからないのかと腹が立ってくるし、ケンタが私を困らせようとしてわざとやってるんじゃないかと思えるんです。

にらみつけると、ケンタは知らん顔をして、もっと態度がひどくなります。反省した様子もなくて、ケンタのほうが私を無視するんです。ふざけるんじゃないとむかついて、思わずぽかりと頭を叩くと、こんどは「ワーン」と泣き出してしまいます。そんなふうにケンタを叩いてしまった自分がいやになって、やっぱり私は子育てが下手なんだ、と落ち込んでしまうのですが、私にかまわず泣いているケンタを見るともっと腹が立ってきます。泣かれると私のほうがパニックになってしまうんです。

「静かにしてよ！」「みんなに聞こえたらどうするのよ！」

叩いたことで自己嫌悪に陥っている私の気持ちもわからないで大声で泣くなんて、卑怯じゃないですか。泣けばいい、泣けばすべて許されるわけじゃありません。

私が小さいころは、泣いてもわめいても母親から無視され続けたものです。どんなにあやまっても、ごはんをうまく食べられなかったり、おかずをこぼしたりするだけでひどく叩かれたり、にらまれたりしました。何の説明もされませんでした。そんなときの母親の顔が怖くて、わけがわからないままに言うことをきいていました。

なのに、ケンタは私からていねいに理由も説明してもらえます。散歩にだって連れて行ってもらえます。それなのに大声で泣くなんて、おかしいでしょう。泣けば許してもらえると思ったら大間違い、ママなんか泣くこともできなかったのに、泣けるなんてぜいたくじゃないの。ケンタを叩きながら、叩かれるのはあんたが悪いんでしょ、といつのまにか大声で叫んでいるのです。

こんな私はヘンでしょうか。どう考えたらいいんでしょうか。ケンタのことが憎らしいわけではありません。私にとってはかけがえのない存在です。ただ、言うことをきいてくれればいいだけなんです。

「あんたはいいよね、私なんか」と言う母親

マユミさんの語った内容には、いくつかの大切なポイントがつまっています。

しかし何より先に、夫のギャンブルの問題を抱えているにもかかわらず、毎日子育てをがんばっている自分に対して合格点をつけてあげることでしょう。マンションで元気なケンタ君と毎日いっしょにいるのはとても大変なことです。とくに高層マンションの場合、外に出るためにエレベーターに乗らなければなりませんし、セキュリティの強化もあり、子どもの自由がどうしても制約されてしまいます。半日がかりで大きな公園に出かける習慣は、とても大切だと思います。

さて、マユミさんの話の中で、いちばん重要な部分は、「私は親からそんなことしてもらったこともないのに、あんたは私という親からいい思いをさせてもらってるじゃないか」という告白です。これは、**親が子どもに嫉妬している**、と言い換えてもいいでしょう。

親というものは、自分にできなかったことを子どもにさせてあげるものだ、それが親ごころだと考えられてきました。おそらくマユミさんもそうでしょう。妊娠すると、多くの女性は自分が親からされたこと、されなかったことについていろいろ思い出すものです。とくに母親からされていやだったことについては、「ああいうことは子どもには絶対したくない」と誓います。母親の口調がいつもきつくて怖かった人は、自分の子どもにはやさしく静かに話そうと思うでしょう。

同時に、母親からしてもらえなかったことを、子どもにはやってあげようと思うのです。子どもが欲しいという願望には、満たされなかった子ども時代を、自分の子どもをとおしてやり直そうとする欲望が含まれていることがあります。たとえば、抱きしめてもらった記憶がない人は、一生懸命子どもを抱きしめてスキンシップをはかろうとします。

しかし、それはすんなりといくわけではありません。誰かに支えてもらったり、そんな自分を認めてもらいながらでないと、限界が来てしまいます。一生懸命になればなるほど、子どもがそれに応えてくれなければ、疲れは溜まります。そしてイライラして腹立たしくなるのです。

マユミさんのように、自分の母親から無造作に扱われ、ひどい言葉を投げかけられていた人は、母親からここまで注目されエネルギーを注がれているわが子がたとえようもなく妬ましくなるのです。わずか1歳半の息子なのに、天真爛漫であることがとてもぜいたくでわがままに思え、子どもにあやまらせたくなったり、腹立たしさを感じたりするのです。このような嫉妬は母親だけでなく、父親にもしばしば見られます。

母親は子どもへの嫉妬に気づかない

簡単にまとめると、マユミさんは子どもに嫉妬しているのだと思います。通常、親は子どもに嫉妬などしないと考えられています。力を持っている親が、力を持っていない存在の子どもに嫉妬などするはずがないのです。だから、親は自分の嫉妬に気づきません。むしろ子どもがわがままでぜいたくで、言うことをきかないのだと考えます。

そして、子どもに毎回そう言って聞かせるようになります。「なんてわがままなの？」「ママを怒らせるあんたが悪いんでしょ」

いつもいつもそう言われれば、柔らかい脳にその言葉は刻印され、成長するにしたがい、自分は本当に悪い子でわがままなんだと信じ込み、それが自己像として形成されることになります。

多くの母親たちは、娘や息子が成長していくことを一見喜んでいるように見えますが、思春期あたりから息子と娘では対応が異なってきます。同性である娘がキラキラとして幸せそうな顔をしていると、「いい気になるんじゃない」などと、透明な水に真っ黒な墨を一滴垂らすような一言を投げつけたりします。しかし母たちは、自分が娘に嫉妬しているなどと思いません。娘がふしだらにならないよう、親心から慢心をたしなめているのだと思うのです。

私の言葉を聞いて、マユミさんが自分の嫉妬に気づかれたとすれば、それだけですばらしいことだと思います。

子どものせいにする、という逆転

親が、自分が腹を立てたことを「自分の問題」ではなく、「腹を立てさせた子どもの問題」であるとする。これと同じ構造が、性犯罪でも、ＤＶでも起きています。痴漢する自分の問題ではなく、電車の中で短いスカートを穿《は》いている女子高生が悪い、妻の側が自分を怒らせたのだ、といった主張です。

親が、自分の問題を子どもの問題とすることは、こういった主張の底流に流れるものと同じではないでしょうか。虐待が生まれる背景には、このような逆転（相手がそうさせているのではないか）が起きています。本来なら、親である自分の行動に問題があるのではないか、自分の責任じゃないかと考えるべきなのに、子どもがわざとそうしているのではないか、子どもが自分をいじめたり苦しめたりしている＝子どもの責任ではないかと考えるのです。

親が子どもに対して、それも幼児に対して「あんたがそうしたんだろう」と責任を問うことはあってはならないことですが、しばしば起きているのも事実です。

子どもがどれほど言うことをきかなくても、どんなに生意気なことを言おうと、それに対する親の発言や行為は、すべて親の責任であると引き受ける覚悟があるかどうか。ほんとうは羨ましくて、嫉妬にまみれているのにもかかわらず、あの子が言うことをきかなかったから、生意気だったから、と子どものせいにしていないかどうか。

マユミさんがおっしゃるような、ケンタがひどいんだ、なんでわかってくれないの、という言葉は、1歳半のケンタ君のせいにして責任を負わせているのです。これは「虐待」

と同じ構造です。**虐待する親たちは例外なく「子どもが言うことをきかなかった」と言います**。血が出たり、頭がい骨にひびが入っていなくても、子どものせいにしている点で、それは虐待なのだと思います。

草色のコートと母の家出劇

マユミさんの対応で、もう一つ問題を感じる点があります。それは「脅し」という手段を用いていることです。カウンセリングに訪れる多くの人たちが、幼いころに親から脅されたり怖がらされたりしたことを語ります。

ある女性の小学校低学年のころの記憶です。彼女の母親は父親と浮気をめぐって口喧嘩をするたびに、洋服ダンスからコートを出して羽織り、トランクを提げて玄関に立つのでした。おもむろに履いていく靴を靴箱から探すふりをして、しばらく時間を過ごすのは、泣きながら娘2人が追いかけてきて「ママ、家出しないで、わたしたちを置いてかないで」とすがるのを待っていたからです。

彼女の故郷は北海道の最北端にある寒さの厳しい街です。母親は薄い草色のコートを着てトランクを提げ、2人の娘を振り切って家を出ていくのでした。1メートル以上積もった雪道を歩いて、駅に向かうのです。父親は「放っておけ」と酒を飲みながら怒鳴るので、姉妹は泣きながら自室に戻り、不安に震えていました。そして、「もっともっと努力していい子になりますから、お母さん家に戻ってきてください」と祈るのでした。

ところが、1時間もすると、母親は「ただいま」と帰ってくるのです。「ああ、寒かった」と言いながら、酒を飲んでいる父親のもとに近づき、雪で凍えた足を差し出します。父は両手で冷たくなった母の足をさすりながらひざの上に抱きかかえ、飲んでいた酒を母に勧めるのでした。そんな光景が繰り返される家庭で過ごした日々を思い出しながら、女性は語りました。

「いつものことだとわかっているのに、母が家を出ていくことは怖くて不安でたまらなかったのです。父とのなれ合いの家出劇だとわかっていても、戻ってくると腹が立つどころか、どこかほっとしたものです」

母の家出は、自分に原因があるのではないかと思ってしまうこと。母の行動が理不尽であればあるほど、子どもは自分が悪いのではと考えてしまうこと。これはあらゆる虐待において共通しています。いずれくわしく述べますが、「裏返しの幼児的万能感」のあらわれとも言えるでしょう。

「いい子」はこうしてつくられる

ちょっと極端な例だったかもしれませんが、このような脅しは、子どもを「素直」で「いい子」にさせるでしょう。母親が何を期待しているかを瞬間的に察知して、そのとおりの言動をしていれば母親は家出をしないだろうと思うからです。そのかわり、いつもびくびくして、母親の表情をうかがうことになるでしょう。

多くの大人たちは、マユミさんも口走ったように、極端なことを言って子どもを怯えさせ、言うことをきかせることがあります。「ほらほら、おまわりさんが来ちゃうよ」「そんなに騒いじゃ、隣のおばさんから叱られるよ」などと勝手に誰かのせいにして、その人の力を利用して怯えさせ従わせるという、いちばん卑怯なやり方です。

もっともよく登場するのがおまわりさんなのは、職業柄、仕方がないとしても、近所の怖そうなおじさんや電車で隣に座った女性のせいにすることは、その人たちにとってもえらい迷惑でしょう。

先日も新幹線の待合室で孫（たぶん）に向かって延々とお説教している女性がいました。「いい、そんな嘘をついたら、おまわりさんにいいつけちゃうからね」「みんなから仲間はずれにされるよ」と大声でしゃべっているので、思わずその女性の方向を見てしまいました。すると、女性はすかさずこう言ったのです。「ほらね、怖いおばさんからにらまれるよ」と。

ひとこと「嘘をつくのはよくありません」と言えばいいのに、どうして勝手に他人を使って脅すのでしょう。正面に立たないで周囲をうまく利用するというずるさは、他人の目を気にする態度につながり、ひいては空気を読む同調圧力になると思います。ただただ黙ってお説教を聞いている孫にも、それが伝わってしまうのではないかと心配になりました。

マユミさんの場合は、他人のせいにしているわけではありませんが、「ママは〜するよ」という残酷な脅しです。そんなこと言うと捨ててしまうよ、ママは出ていくわよ、という言葉は驚くほど頻繁に使われています。嘘に過ぎない脅しは、子どもが中学生になるころには見破られるようになりますが、だからといって許されるわけではないでしょう。

中には、自分の体の手術の跡を入浴のたびに見せて、「ママはもうすぐ死んでしまうわ」と脅す母親もいます。子どもにとって、母親はすべての中心であり、世界そのものであり、安心感の源なのです。母親が死んでしまうかもしれないということは、何よりも恐ろしいことであり、だからそれを防ぐためには、それこそ全身全霊で何でも言うことをきくようになるのです。

「素直でいい子」は、子どもの性格ではなく、親からの脅しや恐怖への対応としてつくられると思います。カウンセラーとして、ときにいい子が危ないと思うのは、このような理由からなのです。

子どもを伸ばす「ほめ方」、ダメにする「ほめ方」

子育てにも流行がある

「しつけ」という言葉は、最近育児雑誌にもあまり登場していないようです。しかし、社会の一員として生きていくためには、守らなければならないルールやきまりがあります。それを子どもたちが身につけることは、社会生活を送るためにも必要なことでしょう。ここでは、親が子どもにそれらを身につけさせることを「しつけ」と呼びたいと思います。

しつけとは、簡単に言えば、社会で生きていくために望ましい行動を習慣化させていくことです。ときには、叱ることも必要になるでしょう。

じつは子育てやしつけにも流行があります。かなり前になりますが、元東京都知事である石原慎太郎の著書『スパルタ教育』（光文社、１９６９）が70万部の大ベストセラーになりました。当時子育て中の親たちは、その影響を受けて子どもをきつく叱ればいいと思ったのかもしれません。カウンセリングに訪れる50代の女性たちの中には、記憶の中で、ふだん本を読まない親が『スパルタ教育』という表紙の本だけは読んでいたと証言する人が多いのです。彼女たちは、もちろん子ども時代に親から壮絶な身体的虐待を受けて育ってきた人たちです。

日本で児童虐待という言葉が一般化したのは、１９９０年代に入ってからです。80年代までは、殴る蹴るといった行為もスパルタ育児として正当化され、体罰は「愛のむち」「せっかん」として肯定されていたのです。

中でもスポーツにおいては、根性をきたえることを目的に、今から思うとかなりひどいこともしてきたようです。マンガ『巨人の星』の主人公、星飛雄馬が父の命令で体に大リーグボール養成ギプスをつけ、涙を流してトレーニングする場面など、今読むとかなり悲惨です。目撃した人が児童相談所に「虐待だ」と通報しても今なら不思議ではないでしょう。これは単なる根性論からくるものではなく、心理学の学習理論などが影響している行為だと思われます。

しつけの基礎は「苦痛への恐れ」

「学習理論」というのは、簡単にいえば、人間は「ある行為の結果、痛い思いをした」「叱られて体罰を与えられ、苦痛だった」といった経験をすると、次回はそれを回避しようとするというものです。生きていくためには、生存を危うくするような苦痛を回避しなければならないからです。これは一種の学習行動ともいえます。行動主義心理学では、人間の行動は与えられた刺激に反応することの習慣化によって形成されていくと考えられています。

こうしたことから、痛い思いをしないようにというのは、一種の「苦痛への恐れ」が基礎になっていることがわかります。失敗したらお父さんから殴られる、だから失敗しないように試験勉強もがんばる、というのも学習理論に立脚しているといえます。

ところが、恐怖からくる学習に基づいて行動するには、絶えず緊張していなければなりません。大きな震災を経験すると、ちょっとした揺れにもびくっとします。この恐怖が親からのしつけだったとき、親に対する緊張感が強くなるということもしばしば起こります。そんな子どもたちは、二度と痛い目に遭わされたくないため、親の前では、失敗しないように、口答えして叱られないように、いい子となります。

しつけというものは、このように学習理論によって、親から見た望ましい行動を強い、それを習慣づけていくことだといえます。基礎にあるものは、苦痛を回避したいという生存のための行動、それに伴う緊張ということになります。

「95点のテストは見せられない」

子どもの習慣形成において、恐怖や緊張を用いたしつけこそが有効であるという考えは、現在でも説得力を持っています。とくに規律を重んじる教育では、体罰や怒鳴ることが今でも行われています。親もそのことを望んでいれば、それほど問題にはなりません。とくに運動部などの体育会系といわれる教育現場では、このようなことが珍しくないようです。

いっぽう、同じ学習理論でも、楽しい経験（報酬を得られる）をすると、それを繰り返し求めるようになるということもわかっています。「子どもをほめて育てる」という考え方はこのことに基づいており、多くの育児書で推奨されています。

しかし前者の教育を支持する人たちは、ほめて育てるという考え方を「甘やかすとろくなことはない」「ほめてばかりいたら増長して何もしなくなってしまう」と批判します。

ＡＣ（アダルト・チルドレン）と自認した人たちが回想する親の姿は、驚くほど似通っています。「絶対にほめない」「ダメな部分を見つけて批判する」だけでなく、楽しそうな雰囲気を漂わせていると「いい気になるんじゃない」「人生そんな甘いもんじゃない」と腰を折るのです。

「テストで95点をとると、家に帰って母親に見せるのが怖くてたまらなかった」という彼女たちの言葉が不思議だったのですが、謎は解けました。彼女たちの母は、「あと5点なのに、たった1問なのに、なぜ間違えたの！」と激しく叱責するのでした。もし60点だったらそれはそれでボロボロになるまで叱られ、１００点をとれば「いい気になったらダメ」と言われ、要するに決してほめられることはないのです。

2通りのほめ方

その対極にあるような、「ほめて育てる」子育てとはどのようなものでしょう。さきほど述べた学習理論の重要な要素は、「報酬」です。苦痛を回避するための、恐怖にもとづいた行動習慣に加えて、もうひとつ、「言われたとおりにやるといいことがある」という経験によっても行動は形成されるのです。

パブロフの犬の実験はとても有名です。ベルが鳴るとえさが出てくるということを繰り返し経験した犬は、ベルの音を聞いただけで、よだれが出てくるようになったのです。子どもにとっての報酬とは、なんでしょう。それは「物質的報酬」と「心理的報酬」とに分けることができます。

ピアノのレッスンを熱心にしたら、おやつを与える。言うことをきいてお片付けをしたら、欲しがっていたおもちゃを与える。これらは、物を報酬として与えることになります。

いっぽう、心理的報酬の多くは言葉によって与えることができます。「ほんとにがんばったね」「よくやったね」「えらかったね」「ママ、ほんとうにうれしいわ」などとほめることです。子どもが小さければ、抱きしめてあげて、いい子ねと頭を撫でることも報酬になるでしょう。

さて、次のほめ方をさきほどのほめ方と比べてみましょう。「これでみんなより上になれるね」「目標達成できたね」「すごい成績だったね」

前者は、本人の取り組む姿勢、一生懸命さをほめていますが、後者は、望ましい結果を出せたことをほめています。親はそれほど区別していないかもしれませんが、子どもはその違いに敏感なものです。「ママは、結果を評価し、結果を出した私をほめている」とすぐわかってしまいます。一生懸命やるだけではだめで、結果を出さなければほめてもらえないこともすぐに理解します。

もちろん、この両方をほめる親もいると思います。がんばりや一生懸命さをほめ、結果が出たらそのこともほめるというように。しかし前者のように、結果を伴わなくてもその姿勢やプロセスの取り組み方をほめることは、それほどやさしくありません。親自身が受験にしろ、勉強にしろ、運動にしろ、結果にこだわっていれば、やはりほめ方にもそれは表れてしまうものです。

「結果がすべて」の世界

カウンセリングで出会う一部の人たちは、中学校や高校まで水泳や剣道といったスポーツで将来を嘱望されたのに、けがやアクシデント、そのほかさまざまな理由から一流選手になることができなかったという経験を持っています。中には超名門の私立中学校に合格したのに、その後成績が伸びず、不登校になった人もいます。

エミコさんは、4歳から水泳教室に通いました。水遊びはもちろん、水の中にいると、陸の上で靴を履いているときより自由になれる気がして、楽しくてたまらなかったのです。小学校3年生のころには、近隣でも名門と呼ばれるスイミングスクールに通うようになり、なぜか「将来の夢はオリンピック選手」と言うようになっていました。

3歳下の弟も泳ぎが速く、近所では水泳一家と呼ばれるような家庭でした。それというのも、父親が国体に出場経験のある水泳選手だったからです。当時は日本の企業が有望な水泳選手を何人も抱え込むことが珍しくなく、エミコさんの父は大企業に就職することができました。両親の夢は、自分たちの子どもが水泳選手として国体を超える大きな大会に出場すること、できればオリンピックの舞台でメダルを獲得することでした。

小学校6年生まではエミコさんのタイムは県大会でも注目されるほどでしたが、中学校に入ってからそれが止まってしまいました。体重も増え、体型も変わり、エミコさん自身がなんのために泳ぐのかがわからなくなってしまったのです。プールと学校以外にも世界はあるはずだ、もっとふつうの中学校生活を送りたい、そう考えながら、でもそれを父親に主張することなどできませんでした。

エミコさんは、原因不明の体調不良からドクターストップがかかり、3ヵ月間休学することになりました。これで大手を振って水泳から離れられる、そう思うとどこかほっとしました。ところが、それからは別の地獄が始まりました。両親の関心は弟に一極集中し、エミコさんは、まるで「いない者」のように扱われるようになったのです。

両親はエミコさんが居間にいても目もくれず、ごはんをつくってもエミコさんがどれだけ食べたのかを気にもとめない。エミコさんが何時に寝て何時に起きたか、両親にとってはそれもどうでもいいことでした。弟はあからさまにエミコさんを下に見て、その視線のはしばしに侮蔑の色を浮かべるのでした。

中学校はなんとか卒業できましたが、高校には行けないまま、エミコさんは25歳になるまで自宅に引きこもっていました。弟はオリンピックには出場できなかったものの、有名大学の水泳部で活躍し就職しました。

弟が家を出たのも影響したのか、エミコさんは半年前からやっと外出できるようになり、カウンセリングにやってきました。左手首には何本ものリストカットの跡が残っています。エミコさんは明るく言いました。

「これ、目立ちますか？　リストカットのことなんか、母はまったく気付いてませんから。同じ屋根の下にいながら不思議でしょ」

「結果がすべてでしたからね、結果が出せなくなったらもう人生終わりだという考えから、やっと半歩踏み出せた気がしています」

親の欲望スイッチが入るとき

エミコさんの例は極端かもしれませんが、結果がすべての判断基準であるということは、そこから外れた存在にとっては、このように残酷この上ない世界なのです。

子どもが小さいころには、姿や言葉、すべてがいとおしくかけがえのないものだと思える親たちが、**子どもがある年齢になると結果を追い求めていくようになるのはなぜでしょう**。どこでスイッチが入るのでしょうか。おそらく、「ふつう」であることからこぼれ落ちないように、自分が味わったような思いをさせないために、自分が求めても得られなかったものを子どもに達成させるために、といった数々の親の欲望が、そのスイッチを押すのではないかと思います。

社会全体が「成果主義」的で「達成」を重んじるようになりつつある今、親だけは、子どもの姿勢や、一生懸命さをほめてあげたいものです。

「よくやったね」「ほんとにがんばったね」と言って、抱きしめてあげる。これにまさる報酬はないでしょうし、きっと報酬という表現を超える何かを与えると思います。

お金で子どもを操作する

さて、物質的報酬もよく見かけるものです。言うことをきかせるために、「○○を買ってあげるから」という親は珍しくないでしょう。子ども自身が「○○が欲しい」と言い募ることもありますし、お友達の持っている物を自分はなぜ買ってもらえないのか、と言うこともあります。

ここで重要なことは、本来、物に対する要求は、それを得ることで広がる可能性と豊かになる世界の実現を意味しているということです。それがいつのまにか、親の態度によって、物を得るために必要な金銭の要求へとすり替わっていきます。子どもの要求は、「○○が欲しい」から「○○を買って」に変化していくのです。

中には、誕生日プレゼントを買う前に、子どもに何が欲しいかを言わせて、それを買ってプレゼントにするという親もいます。まるで誕生日プレゼントというものが、普段買ってもらえない物を特別に買ってもらうためだけにあるようではないでしょうか。プレゼントとは、親が何を選んでくれたかをドキドキして待ち、自分のために一生懸命何かを買って（ときには手作りして）くれたことを実感するものだと思います。そこに金銭の多寡は関与しないはずです。

たしかに、お金があれば物を買うことも、行きたいところに行くこともできるでしょう。しかし、あくまでもお金は「手段」であり「目的」ではありません。親自身の価値観を、そのまま子育てに反映させないようにしたいものです。

子どもを操作するためにお金を利用する親もいます。たとえば、「今度のテストでいい成績をとったら、ずっと欲しかったゲームソフトを買ってあげる」という場合。中にはお小遣い増額と言う親もいるようです。結果を出させるために、報酬である金銭を事前に予告するのです。受験をめぐる親子関係において、このようにお金を用いて勉強へのモチベーションを高める親は珍しくありません。

さらに、親が疲れていたりすると、ついついお金を与えがちになります。言葉で説明するよりお金を与えたほうがずっと簡単に子どもを動かせるからです。

いっぽうで、お金を与えるのではなく、罰の代わりにお金を徴収する親もいます。テストの点数が悪いと100円、お手伝い(食器洗い)をさぼると200円といった具合に加算され、お小遣いから引かれるのです。そして総額がお小遣いを超えると負債とされ、「あんたは合計2万円の負債があるんだよ、働けるようになったら返してもらうから」と言われ続けるのです。

母の愛とお金

ミキさんは、物心ついてからずっと、教師だった母親から「あんたにはちゃんとお金を用意してあるからね」と言い聞かされてきました。小学生のころから成績もよく、家事も手伝っていたミキさんは、ことあるごとに「ミキはしっかりしてるね」「あんたはほんとに手がかからない子だ」の二語を言われてきました。

ミキさんにとってそれは「しっかりしなければならない」「親にめんどうをかけてはいけない」という気持ちになる言葉でしかありませんでした。甘えや依存とは無縁の親子関係でしたが、唯一の例外が「あんたにはちゃんとお金を出してあげるからね」というささやきでした。

現実には、志望する大学も自宅から通えという母親の言葉によってあきらめ、音楽家になりたいという希望も国語の先生になることに変更しました。しかしどこかで、人生で困ったときのために母親はお金を用意しておいてくれるという最後の絆だけは信じていたのです。

7歳年下の弟のマコトさんは、ミキさんより成績は悪く、借金を重ねていろいろと職を変えた末に介護関連の仕事に就いていていました。あまりに勝手な行動に腹を立てたミキさんは、ある時から弟とは絶縁状態になりました。母親から弟の愚痴をずっと聞かされてきたせいで、最後は自分が母のめんどうを見る覚悟でした。

ところがあるとき、母親が弟にマンションを買い与えていたことが発覚したのです。結婚をあきらめて、母と同居も考えていたミキさんにとって、それは衝撃的な裏切りでした。お金を出してあげるからという母の言葉は、ミキさんにとっては母の愛をぎりぎり信じさせるものでした。ところが母は、弟にこっそりマンションを買い与え、おそらくローンの返済も引き受けていたのです。

それを責めるミキさんに、母親は言い放ちました。「あんたと同居するつもりなんかないよ、マコトの勧める介護施設にもう予約してあるから」

このように、愛情とお金とは、ときには重なって見えるものです。だからこそ、子育てにおいては、**親の愛とお金とは切り離すということが重要**になります。つまり報酬にお金を介在させないことです。具体的には、物を買ってあげることを条件にしない、子どもに嫌われないためにお金をあげたりはしない、などなどいくつも挙げることができます。

まとめてみましょう。子どもに報酬を与えるときには、親自身が金銭に対してどのような価値観を持っているかを点検する必要があります。「世の中すべて金次第」と考えてしまうことが多くても、子育てにおいてはそれ以外の報酬を与えるようにしましょう。子どもの態度や取り組み方、頑張る姿をほめたり、家族で楽しいことをしたりするような報酬を与えるようにしたいものです。

子どもに「命令」できない親

電車の中で見かける親たち

お盆休みや年末年始などには、多くの人たちが新幹線を利用します。新幹線のグリーン車では、子どもの騒ぐ声がうるさいと問題になったことがあります。飛行機での同じような事態を批判した人に対して、「子どもは騒ぐもので不可抗力」という反論もありました。公共の交通機関を使って長時間の移動をする際に、どうやって子どもを静かにさせるかを事前に考えている親もいれば、自分が眠ってしまって子どもは放置という親もいるのは事実です。

親にしてみれば、子どもが騒ぐことには普段から慣れているので気にならないのかもしれませんが、乗客の中には、泣いたり叫んだり、ときには笑ったりする子どもの声が気になって眠れなかったりする人もいます。人によってはヘッドホーンを着けて外部の音を遮断するという方法をとっているのが見られます。

では、電車の中で見かけた、子どもが騒いだときの親の対応を5つ挙げてみましょう。

【タイプ1】子どもを放りっぱなしにして、自分はスマホをいじるのに余念がない。ときには「自分の子どもじゃありません」という顔をしている。降りる駅に着くと、「ほらほら」と子どもの手を乱暴に引いて急いで降りる。

【タイプ2】「うるさい！」と怒鳴ったり、子どもの頭を叩いたりする。何度言ってもやめないときは、「わかんねーのかよ、バーカ、お前みたいなのをバカっていうんだぞ」と追い詰め、泣かせてしまう。車内はさらに泣き声でうるさくなる（ちなみにこれは母親です）。

【タイプ3】「シーッ」と唇の前に指を立てて子どもを黙らせようとする。ときには「シーッ」のほうがうるさかったりする。いっこうに騒ぐのをやめないときも、しつこく「シーッ」を繰り返す。それでも効果がないと、あきらめたようにスマホをいじったり窓の外を見たりして知らんふりをする。

［タイプ4］　とりあえず「シーッ」と言った後で、「ねえ、お願いだから静かにしてて」「静かにしてください」と言う。それでも止まないと、ゆっくり「し・ず・か・に、してくだ～さい」と頼む。

［タイプ5］　まわりの人を眺めながら、「ほらほら、みんなに迷惑でしょ。まわりの人に叱られちゃうよ」と言う。

以上の5タイプは、子どもに言うことをきかせるには、どれもがあまり望ましい例ではありません。

「シーッ」では子どもは静かにならない

●**タイプ1**……放りっぱなしの親

まさかと思われるかもしれませんが、この例は意外と多いものです。とくに新幹線に乗ると、こんな親は珍しくありません。子どもを放置して眠っていたり（眠ったふりをしていることも）、夫婦そろってゲームをしていたりします。そうなると車内はまるで幼稚園状態になってしまいます。自分たちにとっては当たり前の状態なので、やりたいようにやらせているのかもしれません。

ときどき免罪符のように「シーッ」と唇に指を当てたりしますが、本気でないことは子どもがよくわかっています。周囲の人たちがだれも声をかけないのは、下手に「ちょっとお子さん、静かにさせてくれませんか」とでも言おうものなら、逆ギレされかねないという恐怖があるからでしょう。

●タイプ2……怒鳴る親

この例は、何度もJRの通勤電車内で遭遇したものです。イライラした様子の母親は、じゃけんに子どもを扱い、大声で怒鳴ったりします。あるときは、見かねた高齢女性が泣きそうな子どもに笑顔で声がけすると、母親はお礼を言うどころか「フン！」と横を向き、子どもを「覚えてろよ」といった目つきでにらみつけました。キレた様子をむき出しにしているのです。子どもの年齢によっては、電車を降りてからどれほどの倍返しをされるかとオドオドしてしまうでしょう。

どんな事情があるにしろ、大勢の前で子どもを怒鳴りつけることはやめましょう。母親に怒鳴られて恐怖を感じるのはもちろんですが、子どもは他の乗客の目を意識していますので、多くの人たちの視線を受けて恥ずかしいと思うでしょう。子どもに恥をかかせることが、母親の罰のひとつなのかもしれません。

これは、外側から見ると、まるで子どもどうしの喧嘩のようではないでしょうか。親のほうは、対等にかかわっていると思っているのでしょう。だから友人との喧嘩と同じく、子どもに対しても真剣に腹を立ててしまうのです。この点も大きなポイントです。

それにしても、電車の中でもあれほど感情がむき出しになる母親なのですから、自宅に戻ったときはいったいあの子はどうなってしまうのだろう。そう考えると、少し胸が痛む気がしました。

●タイプ3……「シーッ」と言う親

これはよくありますね。読者の中にも、電車やレストランで子どもが騒いだとき、シーッと指を唇に当てて黙らせようとした方はいらっしゃるでしょう。はっきりと言いましょう。大人ならまだしも、**小さな子どもが「シーッ」と言われて静かになることはありません**。百歩譲って3秒くらいは静かになるでしょうが。

そのことを、じつは親もわかっているのではないでしょうか。いちおう静かにさせようとしたという既成事実をつくる、つまり静かにさせるポーズをとっているだけかもしれませんね。どこかで、静かにならなくてもかまわないと思っているのでしょう。

根底には、タイプ1の親と同じく、どんなに子どもがうるさくしていても、子どもが勝手にやっているのであり、最終的に親である自分の責任じゃない、という考えがあるのではないでしょうか。もしくは周囲がそれを受け入れるべき、受け入れてくれるはずと思っているのでしょう。なぜなら子どもはうるさくするもの、親だってそれを止めることはできない、と。

他人にとっては、子どもの声は、ときには騒音になると考えましょう。まして公共の場では、どんなに自分がかわいいと思っていても、騒音になりうるのです。体調の悪い人もいれば、疲れていて少しでも眠りたいという人もいるでしょう。とくに新幹線では、高額な特急券を買って座っているのですから、騒音がひどければ料金を返してほしくなるかもしれません。飛行機の客室乗務員も、子どもの泣き声は他の乗客の迷惑になる、サービス向上のためにはそれを防ぐべきという前提でかかわります。

公共とは社会そのものですから、私生活とのあいだには大きな境界が存在します。未成年の問題行動が保護者の責任であるように、公共の場で子どもが騒いだ場合、静かにさせるのは親の役割・責任なのです。それを親が止めることはできないと考えるのは、一種の責任放棄になるのではないでしょうか。

騒ぐ子どもを黙らせる方法

乳児は別でしょうが、子どもは概して、つまらなくなると騒ぎ始めるものです。窓の外の景色に夢中になっているときはおとなしくしています。騒いだりするのは、面白く楽しいことがほかに何もないときです。狭い車内に閉じ込められ、同じ場所にずっと座らされていれば、つまらなくなっても当然でしょう。

ご存じの方も多いでしょうが、たとえばヨーロッパでは乗り物の中で子どもが騒ぐことはほとんどありません。多くの親たちは、乗り物の中で過ごす2〜3時間のあいだ、子どもが楽しめるものをあらかじめ用意して持っていきます。ロンドンからパリ行きのユーロスター車内で隣に座っていた2人（2歳と5歳くらい）の子連れの母親は、最初は2冊の絵本を読み聞かせ、次にパズルを出し、最後はクッキーを出して食べさせ、終点まで2人は騒ぐこともありませんでした。

日本とは公共意識が異なると言ってしまえばそれまでですが、できれば出かけるときに、小さめの絵本を1冊持っていきましょう。ふだんあまり読んだことのない、新しい絵本がいいでしょう。そして騒ぎ始めたら、ページを開いて小声で読んであげましょう。小型で動かないおもちゃを与えるのも効果的です。指人形や布でつくったおもちゃなどは、子どもが座りながら手にするのに最適です。

おもちゃや絵本を忘れたら、お菓子でもかまいません。あまりおなかに溜まらないもので、ビスケットなど粉の落ちる焼き菓子は避けたほうがいいでしょう。ふだん与えていない特別なお菓子のほうが効果的ですね。15分くらいなら、それで十分静かにしていてくれるでしょう。

これまで出会った母親たちで、そのようなものを準備している人はほとんどいませんでした。中にはスマホを子どもに持たせて、それで静かにさせる親がいました。結果的には絵本などと同じ効果を生むのですが、絵本やおもちゃ、お菓子などはそれほど重かったりかさばったりしないのですから、子どもを連れて外出するときは、必ずバッグに入れるようにしましょう。

電車に乗るときぐらい考えごとをしたい、疲れているからほっとしたいと感じても、そこは頑張るべきだと思います。子どもを放置してスマホを眺める、うるさいと怒るというのは、自宅でならまだしも、公共の交通機関においてはやめるべきでしょう。子どもは、つまらなかったり、退屈したり、興奮すると騒ぐものだということを繰り返しておきます。

子どもに命令することに怯える親

さて、タイプ4とタイプ5の例は、かなり重要な問題をはらんでいます。

●タイプ4……「静かにして」と頼む親

この10年間、親たちの耳障りな言葉が増えました。「〜してね」「して」と子どもに頼んでいるのです。先日もレンタルショップでDVDを借りようと並んでいたら、3歳くらいの男の子が、近くの棚に足を掛けて登ろうとしていました。私のうしろに立っていた父親らしき男性が声を掛けました。「やめて」「こっちに来てね」

つい1週間前にも、地下鉄の中で父親のスマホをポケットから出そうとしている息子(4〜5歳)に向かって、「や・め・て・くだ〜**さ**い」と制止する場面に出会いました。それを聞いた私は、「ああ、またか」とがっくりきてしまったのです。

このように、まるで頼んでいるような口調で「子どもにお願いをする親たち」の急増ぶりはどういうわけなのでしょうか。その父親は、なぜ「やめなさい」「こっちに来なさい」と言わないのでしょうか。当たり前になっているので、自分たちがお願い口調であることに、父親も母親も気づいていないのかもしれません。

保育園などでも、子どもたちを並ばせるときに「ならんでくだ〜**さ**い」と保育士さんが大声で叫んでいるので、驚いてしまいました。これらの「お願い」口調は、ほとんどといっていいほど「語尾上げ」とセットになっています。さきほどの例で太字にしたのが、上げている語尾の部分です。

さすがに正しい日本語を話す女子アナたちは、テレビのバラエティ番組でもそのような語尾上げをしませんが、接客業をはじめとするさまざまな場面や、学校などでは語尾を上げることは当たり前に見られます。あのように語尾上げする発音は、なんのために行われているのでしょう。

たぶん、一種の感情遮断をするためではないでしょうか。一種のルーチン化をはかり、マニュアル化された定型文のように発音することで、イライラや怒りを排除したり遮断したりしているのです。結果として語尾上げは、込める感情を希薄化させるだけでなく、機械的で形式だけのていねいさと、さらに責任主体のあいまいさを生むように思われます。

多くの親たちは、怒鳴ったり怒ったりする代わりに、「〇〇してくだ**さ**い」と語尾上げで「お願い」しているのでしょう。

親が「お願い」する理由はいくつか考えられます。ひとつは、子どもに命令することが怖いのかもしれません。育児書などの影響で、**虐待することに過剰に敏感になっていると、子どもに命令してはいけないと怯えてしまうのではないでしょうか。**「命令」の反対が「お願い」だ、そう考える親たちは、「しなさい」「だめです」という代わりに、「〇〇してください」とお願いするのです。

もうひとつは、はっきりと伝えた結果、**子どもに拒否されたり、反発されることが怖いからではないでしょうか。**だからやんわりとお願い口調で伝えるのかもしれません。子どもに嫌われるかもしれないと怯える親たちは少なくないのです。一部の虐待は、たとえば「離乳食を食べないことは子どもからの拒絶だ」とする親の思考回路から起きたりします。子どもに拒否されたことでパニックに陥り、激しく子どもに怒りをぶつける親は珍しくないのです。

命令されたり拒絶されたりすることに敏感な親たちは、子どもに対して命令することに怯えます。これらに共通しているのは、親である自分と子どもを対等に考えている点です。子どもだって人間なんだから、対等に扱うべきだろう。無下に命令するのはまずいと思う。これは一見とても正しいことのように思えます。たしかに一種の「理念」として、これは正しいのです。

「お願い」口調は親の責任逃れ

では、その「理念」のどこが問題なのでしょう。対等という理念は、人権という視点からは何ら問題はありません。しかし現実の親子関係においては、**親は子どもと対等ではありません**。産んだこと、そして監護者＝養育者という責任を負っています。言葉を操れるようになるまでに、どれほど親からのケアや保護・養育が必要かは言うまでもないでしょう。

裏返せば、親のほうがはるかに力があり、どうやっても強い立場なのです。**嫌われようと好かれようと、親であることから逃れることはできません**。だからこそ、はっきりと命令形で伝えなければならないのです。「やめなさい」と。

このような親たちは、もし子どもが万引きをしたときに次のように言うでしょうか。「そんなことやめてください」「もう二度としないでね」と。

先ほど述べたように、「お願い」する2つの理由から浮かび上がるのは、親の側の怯えです。虐待じゃないか、嫌われるんじゃないか、という怯えが、お願い口調を生んでいるのです。「命令なんかしてないよ、とりあえず頼んでるんだから、やるかやらないかは決めていいんだよ」と。

これは一見、子どもの主体性を尊重しているようですが、じつは親が責任逃れをしているのです。「～しなさい」というとき、親は規則や行為を押し付けるのですから、当然押し付けた責任を背負うことになります。

キリスト教圏では、神様という存在が命令を正当化します。神様が見ている、神様の許しを乞うのだ、という視点があるために、親は明確に子どもに「～すべき」と伝えて、「やめなさい」と断定して命令できるのです。神の存在が親の正しさを保証してくれるということです。いっぽう、日本では、親の命令は単に権力乱用であり、威張っているだけだ、つまり虐待だと考えられがちです。

また、子どもに嫌われるのが怖いというのは、判断の主体を子どもに押し付けて、拒否した子どものせいにしていることになります。

このように、親が責任をもって子どもに「〇〇してはいけません」「〇〇しなさい」と発言しないことから見えてくるのは、責任をとることに対する不安や怯えでしょう。もっとはっきり言えば、**責任逃れの姿勢が「お願い」口調にあらわれていると思います**。

子どもの立場からすれば、親からお願いされたら、いったい、誰に向かって反発すればいいのか、わからなくなってしまうでしょう。明らかな命令に反抗したのであれば、子どもの反発は命令した人が引き受けなければなりませんが、「お願い」に反したとなれば、強制もしていない親に反発する子どもが悪いことになってしまうのです。

「お願い」では子どもと向き合えない

●タイプ5……人のせいにする親

タイプ5の例も、責任をとることに対する怯えとつながっています。周囲の人がいやがるからやめて、とは、何とも卑怯な言い方に思えます。「おまわりさんが来るよ」と脅す親は昔からいましたが、その場にいる周囲の人たちのせいにするなんて、大きな迷惑以外の何物でもありません。神様が見てるから、と言えないので、「みんなが迷惑するから」という決まり文句を持ち出すのでしょうか。

これも、親の責任逃れです。子育てだけではありません、あらゆる場面で現代は「引き受ける」ことを怖れるようになっている気がします。神や仏ではなく、日本には「世間」しかないといった学者がいましたが、こんな身近な言葉からもそれを感じとることができます。

人のせいにしながら、子どもに言うことをきかせようとするのはやめましょう。親である自分が、正面からはっきりと伝えるのです。それが命令形になるのは、自分が命令しているからではなく、社会の一員として当然のことを親として伝えているからだ、と自信をもちましょう。はっきりと言うことが、親の責任を果たすことなのです。

子どもが抵抗し反抗できる親であること、ちゃんと自分の責任で対峙してくれる親であること。それが親のもっとも大切な役割であり、親の責任を果たすということだと思います。人間として自立の条件とはと問われたら、責任をとること、引き受けることだと答えるでしょう。**お願いばかりしている親に、子どもに対して「自立しなさい」という資格はない**とさえ思います。

もちろん、子どもの意見に耳を傾けることは必要です。しかし、子どもに迎合してしまうことは問題ではないでしょうか。子どもの意見に対して、親のほうははっきりと自分の意見を伝えなければなりません。ダメなものはダメと親が断定することは、子どもと親との立場の違い、境界の存在を明らかにするでしょう。「お願い」することは、子どもを対等に扱っているという錯覚を生みだすので厄介です。それは似非《えせ》＝偽物の対等でしかありません。

繰り返しますが、子どもは親と対等ではありません。同じように人としての権利を持ってはいますが、子どもはまだまだ保護され、ケアされなければ生きていけないのです。力の圧倒的差を考えると、それを無視して、まるで友だちのように、じゃれあったりお願いしたりすることは、親が子どもと正面から向き合うことを怖れた責任逃れと表裏一体であることを、強調したいと思います。

感情にまかせた「叱りっぱなし」子どもを混乱させる、

大声で怒る母親

最近気になるのは、電車内や駅の構内、スーパーマーケット、街角などで、子どもを大声で叱りつけている母親（ときには父親）の姿です。叱りつけるというより、怒っているというほうがぴったりきます。それも子どもに対しての怒り方とは思えないようすで、大人どうしでしか使わないような言葉遣いで怒っているので、周囲の人たちは一様に引いてしまい、聞こえないふりをしたり、見て見ぬふりをしたりしています。

ある母親は、パン屋さんの店先で、2人の子どものうち弟（4歳くらい）を叱りつけていました。

「なんでなの！　いつも言ってるじゃない、どうしてパンにさわったの、なんど注意したらわかるの、黙ってたらわからないじゃない、理由を言いなさい、どうしてあんなことしたの！」

たぶん、トレーとトングを持ってパンを買っているあいだに、下の子どもがおいしそうなパンに指で触れたのでしょう。そのことを、店を出たところで母親は責めているのです。通りかかった人たちもあまりの大声に驚いて足を止めるのですが、すぐに「どうしようもない」といったふうに視線をそらして、通り過ぎます。

私もそのひとりだったのですが、もしも「そんな大きな声で叱らなくてもいいじゃありませんか」などと割って入ろうものなら、矛先がこちらに向かいそうな勢いだったのです。仮にそのときは「すみません、子どもがあんまり言うことをきかないので」と返答したとしても、帰途には子どもへの攻撃が倍増したでしょう。「〇〇のせいで知らないおばさんからママが責められたじゃないの。あんなことするから、ママがつらい思いしたじゃない」と。

彼女は「どうしてあんなことしたの！」と叫びながら、「なぜこんなに私を苦しめるのか」「なぜ自分を困らせるのか」と子どもに訴えているような気がするのです。生まれて3年か4年しか経っていない子どもに対して、それはあまりに重すぎる問いかけではないでしょうか。

身を震わせて怒る姿を動画に撮って、時間が経ってから母親本人に見てもらったらどんな感想を抱くでしょうか。本人はたぶん叱っているつもりなのでしょうが、果たしてどうでしょう。

怒りの温度計

「感情的になった母親はひどい」と考えると、「感情的になってはいけない」「怒ってはいけない」と、抑制しなければという気持ちになるかもしれませんが、そこには少し誤解があります。**たとえ否定的な感情だったとしても、湧き上がる感情そのものに良い悪いはないのです**。

どんな感情が湧いてきても、それを認めましょう。すべての感情がＯＫなのです。自分の抱く感情がどんなものかを自覚していることが何より重要です。「ああ、今とっても怒っているな」「つらいなあ」「我慢できなくなってる」といったように、自分の感情を自覚してウォッチ（観察）できるようにしましょう。

私もかかわっているＤＶに関連する教育プログラムなどでは、「**怒りの温度計**」という比喩を用います。ゼロから10までの目盛りの温度計で「今6度だ、でもこのままの状態を続けると9度を超えてしまう」というように、自分がどこまで怒りを抱いているか、怒りの程度をウォッチするのに温度計の比喩は役立つでしょう。

子どもが小学生以上の年齢なら、親子で「怒りの温度計」の知識を共有することもできます。自分が感情的になったとき、「ママ（パパ）の温度計、今何度？」と子どもから質問されることで、ハッと冷静になったという体験を多く聞きます。

怒りの表現方法はひとつではない

怒りの感情を抱くことと、それをどのように表現するかは別の問題です。怒ったらすぐに怒鳴ってしまう、思わず子どもを叩いてしまうという人は、「怒りを抑えるしか方法がない、だから我慢しなければ」というふうに考えがちです。

近年の心理学の成果は、どれほど怒りの感情が激しくても、その表現方法は「選択」できることを明らかにしたことです。怒りの温度計が上昇しているときであっても、ゆっくりとそして落ち着いた声で、「パン屋さんでは、パンに指でさわってはいけません」と伝えることはできるでしょう。そして、なぜそれがいけないのかという理由もていねいに説明しましょう。「指でさわると、パンの形が変わったり、汚れたりするでしょ。買いに来た人たちは、指でさわられたパンを買いたいとは思わないよ」……。

怒ったらすぐ大声で怒鳴ってしまう、という人は、行動の選択肢は怒鳴る以外にもあることを知らないか、怒鳴るという行為を許している、正当化しているのです。もしくは、「自分の性格だから」しかたがない、もともと持って生まれたものだから修正不可能であると思い込んでいます。

でも、会社の上司や近所の人には怒鳴ったりしないはずです。そこには、ちゃんと相手や状況によって言動を選んでいることが表れています。つまり、自分の子どもだから怒鳴ってもかまわないと考えているとすれば、子どもにとってはじつにはた迷惑な考えではないでしょうか。自分の子どもには何をやっても許される、だって子どもは私が産み育ててるんだから、という考えは、子どもを所有物とするものではないでしょうか。

自分しか見えない親

中には怒りの温度計があっという間に頂点に達し、選択肢など考えることもできず、感情を抑えられないという人もいます。もちろんそれを「しかたないですね」として許容することはできません。子どもの立場からすれば、しょっちゅう、場所を選ばずに大声で怒鳴られることは耐え難いからです。

相手が誰であっても自分の行動や感情をほとんどコントロールできない、感情の波が一定のライン（閾値《いきち》）を超えると、自分でもどうしようもなくなり、堤防が決壊したかのように怒りが噴出してしまう。そんな親のもとで育った人たちに、カウンセリングで出会うことはめずらしくありません。

大声で怒鳴りつけている母親たちは、自分の感情に翻弄され押し潰され、なすすべもなく、周囲も目に入らない状態に陥っています。それはもう子どもを叱る行為ではなく、感情の暴発であり、感情に呑み込まれてしまうことなのです。彼女たちの目には子どもは見えず、自分しかいないのです。そんな状態の母親を、子どもは鋭く感知しています。

「私は透明な存在」

40代後半のミチコさんは、小学校3年生の冬に起きたことを、今でも鮮明に覚えています。2歳年下の弟は交通事故で入院しており、家には母と2人だけでした。庭師だった父は昼間からお酒を飲んで酔っ払っていることが多かったのですが、その日は珍しく父が不在だったので、ミチコさんはのんびりと居間でマンガを読んでいました。夕食をつくっている母に話しかけられたのですが、よく聞き取れなかったミチコさんは返事をしませんでした。

その直後、血相を変えた母が台所から包丁を持ってやってきたかと思うと目の前にそれを投げ捨てて、ミチコさんの首を絞めたのです。されるがままのミチコさんの記憶はそこで途切れています。「くーっ」という自分の息の音が聞こえ、息ができないままに気が遠くなる……そんな中でミチコさんは母の目だけを見つめていました。

「母の目の中に私はいませんでした。母の感情だけが、母の怒りだけがそこには溢れていました」

今でもミチコさんはそのとき見た母の目をありありと思い出すのです。そして、「母にとって私は透明な存在でした」と語りました。母親から首を絞められた経験のある人は、カウンセリングではめずらしくありません。もちろん殺されなかったからその経験を語れるのですが、ミチコさんのようにそれを言語化できる人は多くはありません。

自分が完全に支配できる存在は、他者ではありません。「思い通りになる」という認識は、他者（自分とは別の存在）ではなく、自分の延長、または自分の一部であるという意識を生みます。言い換えるとそこにいるのは親である自分だけであり、子どもは存在しないのです。母にとって自分は存在しなかったということを、ミチコさんは「透明な存在」と呼んだのです。

叱るのはいけないことか

では、「叱る」とはどんなことでしょう。さまざまな子育て本には、「叱ると怒るは違う」と書かれており、ひとつの定番と化しているほどです。叱るという言葉の前提になっているのは、経験も知識も上位にある人が、未熟な存在に対して教導するために行うということです。例えば先生が生徒を叱る、上司が部下を叱る、そして親が子を叱るというように。

その逆は、子どもが親を、部下が上司を、生徒が先生を叱るということになりますが、それらがありえないことははっきりしています。ですから「**上から下への勾配関係**」**が叱るという行為の大前提なのです**。お互いが対等な関係においては、叱ることはないということになります。

そして、上から下へ「叱る」ことを正当化するのが、「自分の感情を爆発させるためではなく、相手の成長のため」という目的です。つまり下の存在を成長させるために、上の存在がきつく諭し気づかせるように導くことが、叱ることなのです。

ここまでたびたび言及してきたように、最近では子どもに対して「上から目線」になることをためらう親が増えています。子どもを対等な人として扱うことが大切、押し付けない、強制しない、なぜなら子どもの自主性が大切だから、といった子ども観（育児観）が広がることで、上から目線の命令口調は否定されるようになってきました。

「お願いする親」たちは、「〇〇してね」「〇〇してください」と子どもに頼んだりお願いしたりします。決して「〇〇しなさい！」とは言いません。叱ることの前提となっている勾配関係を否定すれば、叱ることへのためらいが生まれても当然でしょう。

スクールカウンセラーの知人が、勤めている小学校の低学年クラスが無政府状態になっていると嘆いていました。先生の言うことをきくという発想がない、先生が偉いとはまったく考えていない、というのです。先生の言うことを無視する子どもの親にそのことを報告すると、「子どもはほめて育ててほしい」と苦情を言われるといいます。

このように「叱れない親」「叱らない親」が大量発生しているのではないでしょうか。これは親たちだけの責任ではありません。社会のあらゆる場所で、上から目線の言葉が消滅し、勾配関係を示す表現が禁じられつつあるからです。役所の窓口対応、鉄道会社の駅員や警察官の対応も、この20年ですっかり様変わりしました。病院では「患者様」という呼称が使われる時代です。

しかし誰もがわかっているのは、そういった対応がうわべだけのものであることです。ていねいな窓口対応が、苦情や責任追及逃れであることは明白だからです。クレームをつけられないよう、やんわりと、「住民（国民）の利益のために」という大義名分でそれらは実行されます。このような対応と「お願いする親」たちは相似形ではないかと思うのです。

親子は対等ではない

親たちから対等な口調で話しかけられる子どもたちは、3歳にもなれば大人びた口調で話します。しかしそこに欺瞞《ぎまん》を感じるのは私だけでしょうか。親と子は果たして対等なのでしょうか。そこに上下はないのでしょうか。

すべてにおいて、親子ほど非対称的で勾配に満ちた関係はありません。**親が産んで、名前をつけ、無力な状態をケアし、保護して養育する。これほど不平等な力関係はないといえます**。そのことを隠蔽《いんぺい》して、まるで対等であるかのように子どもとかかわるのは、何かを恐れているからではないでしょうか。ハラスメントや虐待といった言葉が広がることで、力を行使することへの怯えが生まれていることも関係しているかもしれません。

かつては、家父長制の名残もあり、親は子どもより偉い、上位で優位、尊敬すべきといった「非対称性」が認められていました。子どもが大人にタメ口をきくことは許されず、敬語を使うことが暗黙のうちに了解されていました。親は子どもに「○○しなさい」と命令し、「いけません」と禁じました。この勾配は、教育において必要不可欠な要素なのです。先生は偉い、言うことをきかなければならない、という構造によって、教えることや学習する効果は増すのです。

それは、恐怖とともに、怯えながら大人の言うことに従うことと紙一重であるのも事実です。しかし何かを子どもに教え込む、ある方向に向けていくときに、力の行使を皆無にできるとは思えません。これは問題発言かもしれませんが、**まやかしの対等性の欺瞞を避けるためにも、あえてそう言いたいと思います**。

親は子どもより力を持っている、だからこそ、必要なときははっきりと禁じたり、命令したり、方向づけなければいけないのです。そのために叱るのであり、それをためらわないことが大切でしょう。力の行使はいけない、対等に扱わなければいけない、怒ってはいけない、という禁止によって、親たちが縛られているのではないでしょうか。

子どもはほめて育てなければ、親は子ども目線に立たなければ、と思うことで、かえっ

て親たちの不安は増しているのではないかと思います。親たちが怒りを抑圧し、溜め込んでしまうことで、あるとき暴発してしまうことになりかねません。

子育てで大切なことは、「最低限何が必要か」を知っておけば、それ以外はあまりこだわる必要がないということです。最後にその点を述べることにします。

怒ってしまったらフォローする

先ほども触れたように、怒りの感情の表現方法は多様であることを、まず知る必要があります。どれだけ怒っていても、それを言葉でゆっくりとはっきりと、冷静に伝えることは不可能ではありません。

そして思わず怒りの感情が暴発してしまったとしても、取り返しがつかないわけではありません。しばらくたって自分が落ち着いてから、「さっきは大きな声出して（叩いてしまって）ごめんね。でも、ママがどうして怒ったかわかる？」「これからは○○はやめようね」といった声がけをして、フォローをしましょう。そうすることで子どもは自分が経験したことを理解できるようになります。**ちゃんとフォローできていれば大丈夫、と思いましょう。取り返しのつかないことなどありません**。

しかし、妙にへりくだって、子どものご機嫌をとるような行動は避けるべきでしょう。叱るからには理由があるはずです。その点は譲ってはいけません。

親の中には、突然怒り出したかと思うと、その波が収まったあとはケロッとしてしまい、何の説明もしない人もいます。怒っているときは、穏やかなときの態度からは想像できないほど激変するのです。このような極端な二面性を見せつけられると、子どもは、自分がどのような行動をすれば母親から叱られずにすむかがわからなくなります。いい子でいるつもりなのに、激しくののしられ叩かれる。そのいっぽうで、日によっては何をしても容認されることもあります。

これは、一種の無政府状態ともいえるでしょう。親が叱るときの基準がないので、子どもにとっては、そこに法則性が見えないからです。**親の勝手な叱り方は、子どもに大きな混乱をもたらします**。結果的には、子どもなりに、リスクの少ない安全策は親から見て常にいい子でいることである、と学びます。過剰ないい子、誰からみてもいい子であることの背景に、親のわけのわからない無原則的な怒りの暴発があることは指摘しておく必要があります。

このことから、事後的であったとしてもちゃんとフォローすることがどれほど大切かがわかります。なぜ叱ったのか、その理由を説明し、叱る基準を示すことで、激しい怒りをぶつけられたとしても、子どもなりに納得できるからです。

望ましい家族の一つの条件は、子どもなりに納得できる原則を親が示し、親がそれを守ろうとする姿勢を示すことです。それはひとつの秩序を示すことです。**叱るという行為は一種の支配的な言動ですが、その原則ゆえに許されるのです。**いくら経済的に豊かであっても、わけがわからない、混乱に満ちた家族は、子どもにとって厳しい環境と言わざるを得ないでしょう。秩序こそが子どもを安定させ、安心させるのだと思います。

第2章

子どもは大人の人間関係を見て育つ

母子密着のリスク

幼稚園に通う息子が問題児に？

その晩、夫は珍しく早く帰宅しました。ケイコさんは、どうやって息子の話を切り出そうかと考えていました。ユウトが4歳になって、やっと幼稚園生活も軌道に乗ったと思っていたのに、今日の夕方お迎えに行ったとき、担任の先生から「少しお話があります」と言われたからです。出産するまで幼児教育関係の団体に勤めていたケイコさんは、子育てや子どもの教育にはそれなりの知識があると自負していました。

不安でしたが、できるだけにこやかな顔つきを心がけているケイコさんに向かって、先生はこう言いました。

「ユウトくん、じつはお友達に軽いけがをさせてしまったんですよ」

柔らかな口調でしたが、明らかにユウトに対して批判的な内容を聞いて、ケイコさんは驚くと同時にショックを受けてしまいました。

「ああ、そうですか……ほんとうにすみません。できればそのお友達の名前を教えていただけるでしょうか。ちゃんとお詫びをしたいと思いますので」

ひたすら頭を下げているケイコさんに向かって先生はさらに続けました。

「最近、ご家族に何かあったんでしょうか。ちょっと落ち着きがないし、お友達との関係もうまくいってないみたいなんですね」

追い打ちをかけるような担任の言葉を聞きながら、ケイコさんは冷静さを失い、頭の中が真っ白になってしまいました。落ち着きがなく、友達とうまくいかない……つまり、園では問題児になっているということだろうか。おやつまで手作りにして、水泳教室も開始したし、いずれ小学校を受験するための準備だってぬかりなくやってきたのに。ママ友との関係だって、自分で言うのもなんだけど、それほど困っているわけじゃない。行事のたびに私は中心的な存在になっている。

なのに、いったいどうしてだろう。「ご家族に何かあったんでしょうか」というのはいったいどういうことなんだろう。その言葉を反芻《はんすう》しながら、心の中で不安の塊がだんだん大きくなってくるのを感じました。でも、担任に家庭のことにまで首を突っ込んで来る権利などないはず、それよりこの話がママ友に伝わっていくことが怖い、と思いました。

「先生、ご心配をおかけします。とくに何も変わったことなどありませんから、ユウトがもっとのんびりできるように、今度の週末、山の家にでも連れて行きます」

ケイコさんは、ゆっくりした口調で伝え、深々と頭を下げました。帰る道すがら、ユウトがけがをさせたお友達にどうお詫びをすればいいかを考えながら、ケイコさんはだんだん担任に腹が立ってくるのを覚えました。幼稚園の指導や教育の問題なのに、それを家族の問題にすり替えているのではないだろうか。自分たちの幼稚園教諭としての至らなさを親のせいにするなんて責任逃れではないだろうか、と。

この夫とやっていくしかない……

夫が入浴を終えるのを待って、ケイコさんは担任への批判も込めて言われたことを報告しました。夫はいつものように缶ビールを開けて、テレビのニュースを見ながらスマホをいじっています。いちおううなずいているものの、相槌を打つわけでもありません。ケイコさんの顔を見るわけでもありません。

ケイコさんはそんな夫の姿には慣れているはずでした。体調が悪いときも放っておかれ、休みの日の買い物には付き合ってくれますが、いつも車の中でゲームをしながら待っています。ユウトと遊んでくれるときも、いっしょにゲームをするだけで、ときには口惜しがってユウトとケンカになってしまうのです。

「ちゃんと話、聞いてよね。スマホやめて私の顔を見てくれる」

ケイコさんが声を荒らげると、

「ごめんごめん、そんな感情的になることじゃないだろ」「たいしたことないじゃん、よくあることだよ。俺なんてママにいつも苦労かけてたし」と答えます。

その言葉を聞いて、ケイコさんは怒るよりも体じゅうの力が抜ける気がしました。ユウトはケイコさんのことを「ママ」ではなく「おかあさん」と呼びます。ユウトが生まれた今でも夫が姑のことをママと呼んでいるせいで、家族のあいだでママというのは姑のことを指すようになっているからです。

ケイコさんのマンションは夫の実家から徒歩5分の位置にあります。夫の両親がケイコさんたちを近くに住まわせるために購入してくれたからです。夫は実父の経営する会社の専務であり、同族経営特有のゆるい仕事に携わりながら、同年代の男性よりはるかに高額な給与を得ています。その恩恵を受けていることにはケイコさんも感謝していますが、息子に対してこれから先、どんな父親の姿を見せるつもりなのだろう、そう考えるとイライラや疑問ばかりが強まってしまうのです。

子育ての方針に関しても、最後は「ママに聞いてみるよ」と逃げてしまい、そのことを責めると逆ギレされたことが何度もあったので、今ではあきらめて触れないようにしています。

姑はまだ若々しく、ミニスカートを穿いて、ゴルフ三昧になるにはもったいない年齢にもかかわらず、週の半分は車でゴルフに出かけていきます。ユウトの子育てに対しては、「専門的な知識だけじゃやっていけないんじゃない」などとそれとなく嫌味を言うのでした。「ハヤトはほんとに素直な子だったわ」とユウトに言い聞かせるのが常だったので、ユウトは父親を「お父さん」と呼ばずに「ハヤト」と呼び捨てにするようになってしまいました。いつのまにか、姑が来宅したあとは、ケイコさんを激しい頭痛が襲うようになりました。

担任の言う「家族環境の問題点」を挙げ始めれば、もう限りがありません。ケイコさんが努力して変えることができる部分など、ほんのわずかしかないのです。夫は今の会社を辞めないし、そのままいけば後継者になるだろう。夫の両親は丈夫なので、長生きするに違いない。そうすれば夫は「ママ」に依存したままに違いない。ユウトにとって父親はあの夫であり、ことあるごとに「ママが……」「ママに……」と言い続ける姿を見本に育っていくのだ。

ときどき、ケイコさんはすべてを投げ出して家を出たくなります。離婚して、新しい人生を歩みたくなります。でも、ユウトの姿を見ると、やはりあの夫といっしょにやっていくしかないのかと思うのです。とはいえ、夫の背後に数珠のようにつながっている一族のことを思うと深いため息が出るのも事実でした。そんなときは、ユウトだけが救いに思えるのです。

「ユウトは、お父さんみたいにならないでね」「ユウトだけはお母さんのこと、わかってくれるよね」、そう言って少し涙ぐむと、ケイコさんの目をみつめて、ユウトは真剣に「だいじょうぶだよ」と答えてくれるのでした。

母親の孤独と「母子密着」

ケイコさんのような夫婦関係の女性は少なくないでしょう。その多くは、夫に不満を抱えながらも、さまざまな理由からあきらめたり我慢したりしているのが現状です。経済力や子どもの年齢などの問題もあるでしょうが、「事態がよくなるようにまだまだ努力の余地があるはずだ」という気持ちもどこかにあるからでしょう。日常生活の忙しさにまぎれて、なかなか事態を突き詰めて考える時間がないことも影響しているはずです。

こうして、言葉にならない不満や疑問、時には怒りといったものが少しずつ沈殿していきます。これらを時間とともに忘れ去ることなどできません。記憶の世界に堆積し続けて、何かの拍子に、一気に思い出されるということが起きるのです。

それに、ユウトくんはいったいどのような父親像を抱いて育つのでしょうか。子どもが抱く父親像はどのように形成されるのか、考えてみましょう。

同性の親が子どもにとってもっとも大きなモデルになることは言うまでもありません。息子にとって父親が、こうなりたいと望むような肯定的モデルであることは望ましいですが、そのとおりにいかない場合もあります。そんなときは、叔父や祖父、ときには近所に住む親しい知人がモデルになることもあります。

ところが近年、親族との付き合いや近隣との交際の機会が減少することで、父親以外のモデルの不在が生まれています。そうなると、どんな父親であるかということがきわめて重要になりますから、見方によってはリスクが高まるともいえるでしょう。文学などの創作やフィクションの世界にモデルを求められるようになるのは、小学校3年生以降だろうと言われています。

そうか、やっぱり「父親不在」が問題なのかと思われるでしょうが、今回はあまりにありふれたこの言葉をとりあげるわけではありません。

ケイコさんは、夫や「ママ」と呼ばれている姑のことを、どのようにユウトくんに伝えているでしょう。誰にも言えない、沈殿するしかないような日々の負の感情や思いを、いろいろなことがまだ理解できないはずのユウトくんに、だからこそ心を許し、すべてを話してしまっているのではないでしょうか。**何もわからない、いわばイノセントな存在である子どもだからこそ、多くの親（とくに母親）は恨みやグチといった、聞くに堪《た》えない内容を吐露するのです**。

母に寝かしつけられながら聞かされた内容は、子どもに大きな影響を与えます。母の言葉が世界そのものであり、それを信じるしかないからです。母の言葉が相対化され、それ以外の現実があることがわかるのは小学校3年生を過ぎたころです。母の言葉が子どもの世界を作り上げるとすれば、「父親のようになってはいけない」と言われた男の子は、同性の親をモデルにすることを母から禁じられることになります。

それは同時に、「ユウトだけはわかってくれるよね」という、ケアの与え手や理解者の役割を息子に期待していることを意味します。こうして息子は「母親を守らなければ」と思うようになるのです。このことは義務感だけではなく、自分だけが母を理解し守っているのだという「選ばれた陶酔感」をもたらしますので、多くの子どもたちは、それを頼りに、それを唯一の親からの愛情や承認の証しとして生きるのです。

多くの孤立した母親たちは、自分に全面的な信頼感を寄せるイノセントな子どもによって救われます。これは一種の親子の役割逆転なのです。

夫が理解してくれなくても、姑からどのように責められようとも、目の前の子どもだけは自分を信じている。**こうして子どもは母親にとっての、もっとも忠実で裏切ることのない存在に仕立てられていくのです**。母親が不幸であればあるほど、その必要性は増すでしょう。知らぬ間に「救済者」「無批判な聞き手」の役割を与えられた子どもたちは、母から必要とされる存在として選ばれた満足感が、母からの愛情だと信じて成長するのです。

これを外側から見ると、「母子密着」だととらえられるでしょう。しかし、レッテルを貼る前に、子どもにその責任はないということをわかってもらいたいと思います。密着をつくり出すのは親なのです。

「イクメン」は増えたけれど……

では、母親を中心とした、子どもがあたかも臣下であるような関係は、父親が子育てに参加すれば防げるのでしょうか。

「イクメン」とは、「ワークライフバランス」のような、男性も仕事をするだけではなく子育てに参加しようという政府の提唱によって、全国的に広がった言葉です。地方自治体の男女共同参画センターでは「イクメン講座」が盛んに開かれた時期もありました。育児休暇を取る男性を増やそうという主張、休日には子どもと遊ぼうといったキャンペーンも展開されていますが、現実はそれから程遠いことは周知のとおりです。

しかし街を歩けば、抱っこ紐で子どもを連れている父親たちにはいっぱい出会いますし、父親がベビーカーを押したりする姿や、明らかに子育てをひとりで担当している男性の姿も珍しくありません。これらは、私が子育てをしていた1970〜80年代には見られなかったものです。

イクメンが増えるのはたしかにいいことでしょう。それに、どこか気恥ずかしい気配を残していた男性の子育てを、むしろかっこいいのではないかとファッショナブルに転じさせることができたのも意味がありました。一部の女性誌では、都心の広大な公園でパパが子どもと遊んでいる光景がグラビアを飾り、たいてい、傍らではモデルのようにスラリとしたママが足を組んでベンチに座り、それを眺めています。

もちろん、子どもに目もくれずに自分だけゴルフに行くパパより、子どもといっしょに公園に行って遊んでくれるパパのほうがいいに決まっています。育休を取れるパパはそれほど多くないでしょうが、子育てに明け暮れる毎日の大変さを経験することは、宇宙旅行よりも大きな経験になるはずです。でも、それだけでは不十分ではないでしょうか。

イクメンが引き起こす「子育ての覇権争い」

もともと子育てのほとんどを担っている母親と父親との関係がどうなのか、父親の育児参加に対して母親がどう感じているか、が大きな要素となるからです。ときどき気まぐれに、「イクメンだよ」と言って子育てにかかわられても、母親としては迷惑かもしれません。たまに手伝うくらいで大きな顔をしないでよ、と反発する母親もいるかもしれません。

イクメンといえども、妻（母親）に対して威圧的だったり、子どもをめぐって妻をバカにしたりという態度と無関係ではありません。「子育ての覇権争い」（父と母が、どちらが正しいかを競い、主導権をめぐってたがいに批判し合う）が起きてしまうとしたら逆効果でしょう。母親と父親の関係が、否定し批判し合う関係ではなく、尊重し合う関係であるかという視点を抜きにしてイクメンを持ち上げることは、いくつかの危険性をはらんでいます。

もっとも多いと考えられるのは、いま述べた「子育ての覇権争い」です。母と父（妻と夫）のあいだに競い合いが生まれる危険性です。

「今までこうやってきたのに、口を出さないで」「休みの日だけ勝手に子どもをいじっても、どうせ最後は私がやらなきゃならないんでしょ」

このように妻がかえってイライラしてしまっては逆効果ではないでしょうか。中には「やっぱ、パパのほうがいいんだよね」と子どもに語りかけ、妻をむっとさせる夫もいるでしょう。そんな様子を察知してすかさず、「ママってこわいよね〜」と子どもを取り込み、「ママよりパパのほうが好きだよね〜」とダメ押しをするのです。そんな夫の態度は、果たして子育ての助けになっているのでしょうか。妻はますます不機嫌になり、子どもにもあたりかねません。

このように、子育てをめぐって父と母が対立し、互いに子どもを取り込もうとすることは、子どもにとっては決してうれしいことではありません。自分をめぐってパパとママが言い争いをしているのですから、ひとこと「うん、パパのいうとおりだよ」とでも言おうものなら、母親は自分を裏切り者という目で見るでしょう。もちろん、その逆も起こります。

子どもたちの多くは、そんな空気をいち早く読み、ひたすら沈黙し、どちらにもつかな

い態度を示すしかないのです。両親の平和がそのまま自分の平和につながるのですから、そうするしかありません。

このように、イクメンがそのまま両親（夫婦）間の平和につながらないということは、自覚されるべきでしょう。

子どもは「仲間はずれ」でもいい

子どもの視点に立てば、「主たる育児者をもういっぽうの親は尊重し支えなければならない」ということが見えてきます。両親ともに働いていても、やっぱり母親が中心の子育てであれば、父親はその補助・支援者の役割に徹するべきだということです。時間もないのに、イクメンだからと主導権を握ろうとすれば、それは子どものためにはならないでしょう。むしろ自分の力を示すためのものになってしまいます。

極論すれば、母親にとっては、口も手も出さずに無関心なままでいてくれたほうがいいということにもなりかねません。時間と労力を使いながら、あくまで妻の方針を尊重すること、これがイクメンの正しい姿でしょう。どうしても目に余る妻の育児態度があるとしても、それは子どもの前で指摘しないで、2人だけのときにやんわりと妻が傷つかない言葉を使って説明し、主張するべきでしょう。

ケイコさんの例は、母と子と父が、2対1になっていました。夫婦の不和の多くは、「母子」対「父」という2対1の構図を生み出すのです。イクメンの例では、子どもをめぐる覇権争いでしたが、これも2対1（母子対父、または父子対母）であることに変わりありません。

大切なことは、父と母が2になるべきで、子どもは1でいいということです。子どもが仲間はずれになったと感じたとしても、母と父が2人でチームを組んでいるほうが、前述の2対1よりもはるかに望ましいといえます。

月並みな結論めいていますが、夫婦が仲がいいこと、2人が連携をとって主たる育児者を尊重する態度を示すこと。これがいわゆる「母子密着」といわれる状態、それがもたらすさまざまなリスクを避けるために必要なことだと思います。

夫婦喧嘩を見て子どもが知ること

子どもは質問で「世界」を知る

先日、一組の親子とエレベーターで乗り合わせました。

「ねえねえ、ママはさ、なんでパパと知り合ったの？」

「同じ会社だったからよ」

「ねえねえ、なんでママはパパと結婚したの」

「パパはね、とってもやさしかったからよ」

4歳くらいの女の子は、私が聞いているのもおかまいなしに母親を質問攻めにします。

母親のほうは、こちらを意識しながらも、小さな声でしたがきちんと受け答えをしていました。このように、ある時期、子どもが大人を質問攻めにすることはよく知られています。子どもにとって世界はどう見えるのでしょうか。

大人が見ているのと同じように見えているとは限りません。「名前がつく」ことではじめて、見ているものを認識できるからです。名前、つまり言葉を獲得することで、子どもには周囲の世界が意味のあるものとして見えてきます。獲得した言葉が増えるにつれて、どんどん不思議なものやことがらが増えてきますので、「どうして」と質問することも増えるのです。

親、中でも母親（主たる監護者）は、幼い子どもにとっては世界そのものです。だからこそ、何にも増して関心を注ぐでしょうし、エレベーターの中の女の子のように、親に対して「なぜ」「どうして」と質問するのでしょう。親にとっては、ときには面倒くさいと思えることかもしれませんが、極力きちんと答える必要があると思います。

質問内容は年齢によるでしょうが、学齢期以前の子どもに対しては、親の知る限りの知識をもって答えてあげたいものです。なぜなら、子どもにとって世界が秩序を持っていると感じられる第一歩だと思うからです。「問いに対して答えが与えられること」「答えによってさらに世界が広がる心地よさを知ること」「不思議と思う問いかけが親に受け止められて肯定されること」、このすべてがひとつの秩序（世界がまとまっていて明晰であること）を子どもに実感させる基礎となるでしょう。

大人になるにつれて、世界にはわけの分からないことのほうが多いこと、謎は尽きないこと、人間の知識が非力であることなどを痛いほど思い知らされるのですが、だからこそ、根幹にある、幼少期に獲得した「世界の秩序に触れる心地よさ」と「親が答えてくれたという安心感」が重要なのだと思います。

世の中がどれほど理不尽であろうと、せめて親だけは子どもに対して秩序を、この世界は明晰であることを示してあげたいものです。そのためには、**問いに対して答えること、子どもが納得するように説明することが必要**だといえるでしょう。一般的に、アカウンタビリティ（説明責任）などと呼ばれるものの原型は、このような説明ではないかと思います。

面前DVが子どもに深刻な影響を与える理由

説明することがどれほど子どもにとって大切か。ここで、「**面前DV**」を例にとって考えてみましょう。

子どもの目の前で激しい喧嘩をする、ときには親がもう一人の親を殴る、物を投げる、壁や家具を壊す、といったことは面前DVと呼ばれ、子どもへの心理的虐待とされます。DVでは、警察への通報の90%以上が夫から妻への暴力ですが、中には妻から夫への暴力も起きています。しかし男性の場合は、自分が被害者になること、助けを求めることに大きな抵抗がありますので、ほとんど通報しません。したがって表面化することもなく、前述の面前DVのなかにはカウントされていないことになります。

そう考えると、妻からのDV通報をきっかけとして、警察が児童相談所に通告する面前DV＝心理的虐待の数が年々20～40%も増加している現実に加えて、さらに多くの子どもたちが水面下でDV目撃による心理的虐待を受けていることになります。

面前DVは、直接親からひどいことをされたわけではないので、一般の人はもとより、多くの専門家もその影響をまだまだ軽視しがちです。とはいえ、状況は変わってきています。子どもの問題行動の背景のひとつとして、貧困やいじめなどと並んで、親からの虐待経験をチェックすることは今では当たり前になっていますが、そこに「親のDV目撃＝面前DV」が入るのも時間の問題でしょう。

そうなると、どれだけ自分の怒りが正当だと思っていても、妻（夫）を殴るという行為が妻（夫）にはもちろんのこと、その場にいる子どもにとっても深い影響を与えることを夫（妻）は自覚しなければならないと思います。

では、面前ＤＶがなぜ子どもに深刻な影響を与えるのでしょうか。

「どちらも大切な親なのに、その２人が激しく敵対してしまう」「母親が傷つく姿を見なければならない」「そんな母を救えなかったと自分を責める」「どちらの味方もできずに凍り付くしかない」などのように、**もっとも安心できる場所であるはずの家庭が、真っ二つに裂けて緊張と恐怖に満ちた世界になってしまう**からです。安心感を与えてくれるはずの母親が、そんな余裕もないために、逆に子どものほうが母に安心感を与えるようになることもあります。

これらすべてが、子どもにとっての基本的安心感の形成において大きな障害になるでしょう。

ここで、もうひとつ付け加えたいことがあります。**多くのＤＶでは、加害者も被害者も、何が起こったのか、子どもにほとんど何の説明もしないのです**。そのことが、その場から逃げることのできない子どもにとって大きな影響をもたらすのです。

「あったこと」が「なかったこと」にされる世界

夫のＤＶを一度でも経験した母親（妻）は、ここまで述べてきた内容を読むと、子どもに心理的虐待を与えてしまった、取り返しがつかない、と絶望するのではないでしょうか。ただでさえ子育てに自信がなかったのに、夫からDVを受けることで子どもを虐待してしまった、そう考えることは、果たしてその後の子育てにプラスの影響を与えるでしょうか。

「望ましい子育てから外れてしまったらもうダメだ」、もし母親たちがそう思うとしたら、それは私の意図するところではありません。中には、子どもの前で夫婦喧嘩をしたら、もう虐待になってしまうと考える親もいます。たしかに子どもの前ではしないほうがいいですが、両親がしょっちゅう夫婦喧嘩をしていたけれど、それほど恐怖感があったわけでもないし、家族がピリピリしてはいなかったと言う人もいます。

その違いはなんでしょう。**夫婦喧嘩をしたあとで、夫（妻）と仲直りするプロセスを子どもに見せるかどうかです**。ここで言う夫婦喧嘩は、言い争いのことを指します。物を投げたり身体的暴力をふるったりするのはDVにあたりますので、夫婦喧嘩とはいえません。

望ましくない例は、次のようなものです。言い争いの最中に、父親はプイッとその場を離れてしまい、残された母親と子どもはどうしたらいいのか不安になる。2時間後、父親は何事もなかったように戻ってきて、母親と普段通りに話をする。母親にしてみれば父親の機嫌が戻ればいいので、改めて蒸し返すことはしないでしょう。父親は勝手に家を出たことを説明しようなどと思わず、機嫌を直して帰ってきたのだから十分だと思っているでしょう。

言い争いのきっかけや和解のプロセスなどは、一切「なかったこと」になっており、両親はその点においては共謀しているのです。夫婦喧嘩だけではありません。すでに述べたように、**ＤＶのほとんどは「あったこと」が「なかったこと」にされ、それによって夫婦の関係は続いていくのです**。

夜遅く、居間で父と母の言い争う声、茶碗の割れる音、椅子が倒れる音を自室で震えながら聞いている子どもは、眠っちゃダメだ、ママに何かあったら助けに行かなくては、そう思いながらも眠ってしまいます。翌朝「ママ、大丈夫なんだろうか、死んではいないだろうか」と起き出して、不安を抱えたまま居間に行くと、母親はいつもどおりに朝食をつくって待っています。顔にあざができているわけではありません。

このような経験を多くの人たちから聞かされました。おそらくその母親は、前の夜の経験など「なかったこと」にして、いやなことは忘れるようにして朝食をつくっていたのでしょう。しかし、子どもにしてみるとすべてが謎なのです。あの激しい音や怒号は自分の錯覚だったのか、目の前の母親の何もなかったかのような顔をどう受け止めればいいのか、と。そして、自分の感覚のほうがヘンだ、間違っているのだと考えるようになります。

母親の姿からもうひとつ伝わってくるメッセージが、「どうして」「何があったの」という質問への禁止です。**それを聞けば何かが壊れてしまう、聞いてはいけない、問いを発してはいけない**。問えば、目の前の、わけがわからないけれども束の間の平穏は、あっという間に崩れ去ってしまう。それだけは、はっきりとわかるのです。

そんなことが子どもにわかるのか、と疑問に思われるかもしれませんが、大草原を走るシマウマが、遠くから近づいてくるライオンを瞬時に感知するように、**子どもは非力さゆえに、生存を懸《か》けて目の前の平穏を保つために何が必要かを察知するのです**。

明日も生きていくために「なかったことにする」

巨大な謎のままの父と母の行動、しかも謎を解くための問いかけも禁じられているという中で育つ子どもたちは、秩序とは正反対の世界観を抱くでしょう。連続性が断たれ因果関係が不明な世界は、混沌としています。加えて、かりそめの奇妙な安定こそがその子どもたちにとって唯一の安全な場であることを挙げておきましょう。

何も聞かなかった、何も起きなかった、何も見なかった、というルールに従わなければ、たちまち足元の安全な場は崩壊してしまうのです。だから親の言動に対して、絶えずアンテナを張っていなければなりません。そんな緊張に満ちた子どもたちは、外から見れば、わがままを言わないとてもいい子に見えてしまうのも、皮肉なものです。

「あったことをなかったことにする」という心理的機制は、「否認」と呼ばれます。DVを受けた多くの女性たちが全員離婚するわけではありません。どんなことがあっても、「あったことをなかったことにする」ことで、明日も生きていくことができます。**世間では「前向き」「プラス思考」と呼ばれますが、その多くは否認のことを指しています**。彼女たちが離婚せずに夫と暮らしていくためには、それは必須なのです。その中で育つ子どもたちも、「否認」を知らず知らずに身につけることになります。

これは悪いことばかりではありません。つらいこと、耐えがたい経験に対して「なかったことにする」技術にもなりますので、不幸に強い、打たれ強いという適応能力がつくことを意味します。

しかし、対人関係に影響を与えることは指摘しておく必要があります。否認とは、一種の記憶の恣意的操作ですから、忘れたいことを本人はなかったことにできたとしても、周囲の人はそれを覚えているという落差が生まれます。ひどいことが起きたのに、翌日にはケロッとしている姿が、周囲からは鈍感な人、変わった人、奇妙な人と見られてしまうかもしれません。親しくなった人から、あなたのことがよくわからないと言われることもあるでしょう。結果的に、周囲から距離を取られて孤立しかねないのです。

説明することで、子どもを安心させる

子育てにおいて、「親が子どもに説明する」ということがどれほど大切か理解していただけたでしょうか。夫婦喧嘩をした後、仲良くなるまでのプロセスを子どもに見せることは、間接的な説明になります。

「パパとママは意見が合わなかったけれど、話し合ったの。お互いに違いがわかったから、こうやって歩み寄ったよ。2人とも怒っていたけど、今ではパパもママもちゃんと納得したんだよ」

そう説明された子どもは恐怖や緊張がほぐれるでしょう。そして何より、どれほど意見が対立しても、こうやって歩み寄ったり和解したりすることができるのだと知ることで、すべて対立をむやみに恐れることもなくなります。「対立して怒ったらもうおしまいだ、すべてが壊れてしまう」というゼロか100かの現実しか知らないことが、暴力につながりやす

いことは言うまでもありません。**どんなに言い争っていても、対立が言葉によって解決するのだということを子どもに示さなければなりません。**

　ＤＶの場合は、残念ながらこのようなプロセスがありません。しかし、説明は事後的であってもかまわないのです。可能なら両親がいっしょに話すのがベストですが、ほぼそれは不可能でしょう。別々にでもかまいませんから、せめて次のように一対一で子どもに伝えましょう。

父親「パパのやったことは暴力だった、とてもいけないことだったと思う。ママにもちゃんとあやまったよ。○○をびっくりさせて怖がらせてしまったかもしれない、でも○○のせいじゃないからね、全部パパが悪かった、あやまるよ」

母親「ゆうべは怖かったね、よく眠れた？　あれからパパと話し合おうと思ったけど、まだ時間がとれないの。なんとか話し合おうと思ってるから安心してね。これはパパとママの夫婦の問題なの、○○のせいじゃないからね。巻き込んじゃってごめんなさい。ママはもう元気になったからね」

　しばしば誤解されますが、説明することは、子どもに自分の正当性（正しいのは自分だ）を理解させることではありません。**何が起きていたか、親としてどう思っているかを伝え、子どもに状況を理解させて安心させることなのです。**

ＤＶについては、子どもの多くが「自分のせいではないか」「止められなかったのは自分が非力だったからだ」というように、言葉に出さないまでも深い自責感を抱いているものです。したがって、あくまでも夫婦の問題であり、**あなたのせいではない**ということを、言葉に出して強調する必要があります。

何歳であっても、両親の対立・抗争・支配は安心感を根底から揺るがします。だからこそ、気づいたときにちゃんと子どもに説明しましょう。子どもが成人してからでもそれは意味があると思います。いくつになっても子どもはそのことを覚えているはずですから。**ＤＶの目撃はもちろん、夫婦喧嘩であっても、肝心なのは事後の対応だということを強調したいと思います。取り返しのつかないことなどありません。**

面前DVという「新しい虐待」

「密着」と「愛着」との大きな違い

親子は、基本的に父・母・子の三者で形成される関係です。そのなかで、母と子の二者関係は、出発点が新生児期の絶対的依存関係であることから、そもそも距離の取り方が非常に困難なのです。

何度も述べてきましたが、力関係において勝る親のほうが子どもとの関係（距離）を決定してしまいます。「虐待」という言葉が誕生したのは、親の側に責任があり、子どもには責任がないということを明らかにするためでした。それを「親離れ・子離れ」という言い方で、**親子が五分五分であるようにとらえるのは誤解です**。思春期以降ならまだしも、義務教育までの子どもには当てはまりません。子どもと距離を取る主体は親（母）であること、そして密着する主体も母であることを忘れてはならないでしょう。

そう、**「母子密着」は母から仕掛けられたものなのです**。したがって、子どもにその責任の一端を求めるのは酷というものです。母子だけの閉鎖された関係は、母親の独裁を生み、危険なものと化すのです。「密着」という言葉は、使いやすいものの、実際はとても粗雑な言葉です。ここで、近年子どもの発達におけるキーワードとされている言葉を紹介しましょう。

幼い子どもが人として成長・発達するためには、養育者（母親とは限らない）への「アタッチメント」が不可欠だと言われます。少々専門的かもしれませんが、簡単に説明しておきましょう。アタッチメントは愛着と訳されますが、愛情と同じではありません。「子どもが不安を感じたときに、養育者にくっつく（アタッチする）ことで安全感や安心感を回復するシステム」のことを指します。

アタッチメントの主体は子どもであり、外界の不安やときには恐怖などを感じたときに特定の養育者にくっつくことで、安心感や安全感を回復させ、取り戻すのです。それを受け入れる養育者の対応を「ボンディング」といいます。あえて日本語にすれば、絆づくりといえるでしょう。

子どものアタッチメントが養育者のボンディングによって安定的に発達すると、2歳くらいから、子どもは他者や世界に対して安定的で信頼感に満ちたイメージを抱けるようになります。これがいわゆる望ましい発達の基礎となるといわれています。

この2つの言葉と比べてみたとき、**「密着」という言葉が表すものは、子ども主体というより、親の側が自分の不安を解消するために子どもを利用する「親主体」といえるでしょう。**アタッチメントやボンディングと密着がまったく異なることはいうまでもありません。

イクメンが母子密着を生み出すこともある

では夫がいれば、三者になるから、母子の密着が防げるのでしょうか。父親不在が母子密着の背景にある、という説明は、さんざん垂れ流されて食傷気味なくらいです。これが当てはまる親子関係も多いでしょうが、いっぽうで、それだけでは説明のつかない親子関係も多くなっています。

近年では、イクメンをはじめとして父親が子育てにかかわる機会も増えました。休みなく働くのが男としてのあるべき姿といった価値観は、一部を残して変わりつつあり、土日や休日は親子で過ごすのがスタンダードになっています。そして登場したのが、父親がいることで起きる母子密着です。

前に述べた内容を復習すれば、「父・母」対「子ども」という2対1であることが望ましいのですが、これが崩れると、妻が子どもを味方に引き入れることで、「夫」対「妻子」という1対2の関係となります。子どもを味方につけて夫に対抗する、子どもを保護者に仕立ててケアさせる、子どもを夫に対しての防波堤にするといった試みは、多くの家族でそれほど珍しいことではないと思います。ときには、父親が子どもと組んで、母親を疎外することもあります。

母が嘆き悲しみ、子どもに不安をぶつけるということは、子どもにとっては母の崩壊を意味します。子どもたちは世界そのものである母が壊れることを必死になって防ごうとしますので、**母が崩壊しないためには何でもする、母を守るために母の意向を先取りし、母の意思どおりに期待どおりに生きることになります**。その結果、母の忠実なしもべになったり、母の庇護者になったり、母の叶わなかった夢の代理実現者になったりするのです。

このようないわば生存を懸けた子どもたちの行動を、「子どもたちはみんな母親が大好き」という牧歌的イメージでとらえるのは、大人たちによるメルヘン化であり、まったくの誤解ではないかと思います。

面前ＤＶという心理的虐待

本来、夫婦間で解決すべき問題なのに、そこに子どもを巻き込んでいくことは、子どもを親の都合で用いたり利用する（use）ことになります。虐待を表す英語は、専門家のあいだではアビューズ（abuse）かマルトリートメント（maltreatment）を使っています。前者はabnormal useの略で「乱用」を意味し、後者は「不適切な（悪い）かかわり」を指しています。このような定義からすれば、**子どもを夫婦の争いに巻き込むことは、子ども乱用であり、虐待である**といえるでしょう。

ところが、巻き込む意図はなくても、子どもがいることも忘れてしまうほどに夫婦の言い争いや対立が激しくなる、そして最終的にはいっぽうが暴力という手段で相手を鎮圧し、言うことをきかせるという事態が起きることがあります。殴ったり、ときには怒鳴ったり、物を壊したりする行為は、相手を恐怖に陥れることで服従させる効果を持ちます。

これをＤＶといい、子どもの前で行うことを**面前ＤＶ**ということは、すでに説明しました。２０００年に児童虐待防止法が成立しましたが、まだ面前ＤＶについては言及されていませんでした。２００４年に同法が改正され、子どもの面前でいっぽうの親（残念ながらほとんどが夫です）がもういっぽうの親に暴力をふるうことは、児童への心理的虐待にあたるという定義が付け加えられました。

あまり知られていませんが、日本では児童虐待対策とＤＶの被害者支援との連携が不十分なままなのです。前者は厚生労働省、後者は内閣府という所轄官庁の違いがあるだけでなく、人道的でヒューマニズムを基本とする児童虐待防止と、フェミニストたちが長年の草の根的運動でかちとったＤＶ被害者支援とは、どこかしっくりこないのかもしれません。

私は双方にかかわってきましたので、２００４年の法改正で右記の定義が加わったとき、興奮したことを覚えています。「これでＤＶと虐待がつながった、両方を視野に入れた家族の支援がやっと始まるんだ」と。１９７０年代から長年アルコール依存症の臨床にかかわってきましたので、家族が暴力に満ちていること、ＤＶと虐待は同時に起きていることを１９８０年代から実感していました。法改正によって、子どもへの被害という一点でこの２つがつながったことを心から歓迎したのです。

しかしこの時点ではまだ面前ＤＶという言葉は使われていません。ＤＶ被害者の支援者は子どもたちの目に見えない被害については無知のままでしたし、児童虐待の現場では、子どもたちの両親にＤＶが起きていたかどうかはそれほど大きな問題とされていませんでした。

虐待の70%以上は心理的虐待である

大きな方針転換は警察庁から起こりました。2013年から、夫の暴力で恐怖にかられた妻が110番通報して警察が駆け付けた際、その場に子どもがいれば、児童相談所に面前DV＝心理的虐待として通告することになったのです。このことが、虐待の通告件数に大きな変化を生みました。

表Ⅰを見てください。これは警察が2012年〜2018年に児童相談所に通告した人数の内訳です。2018年には全通告人数の70%以上が言葉や態度で子どもを傷つける「心理的虐待」で、その半数以上が面前DVであることがわかります。

表Ⅱは、厚生労働省が2018年8月30日に発表した2017年度までの全国の児童相談所の児童虐待相談対応件数です。2017年度の総数は前年度比9・1%増の13万3778件で、1990年度に統計を取り始めて以降、27年連続で増加しています。

虐待の内容別では、「心理的虐待」が最多7万2197件で全体の54%を占めており、前年度に比べて9000件以上増えています。自治体への聞き取りによれば、心理的虐待

表Ⅰ　児童相談所への通告人数

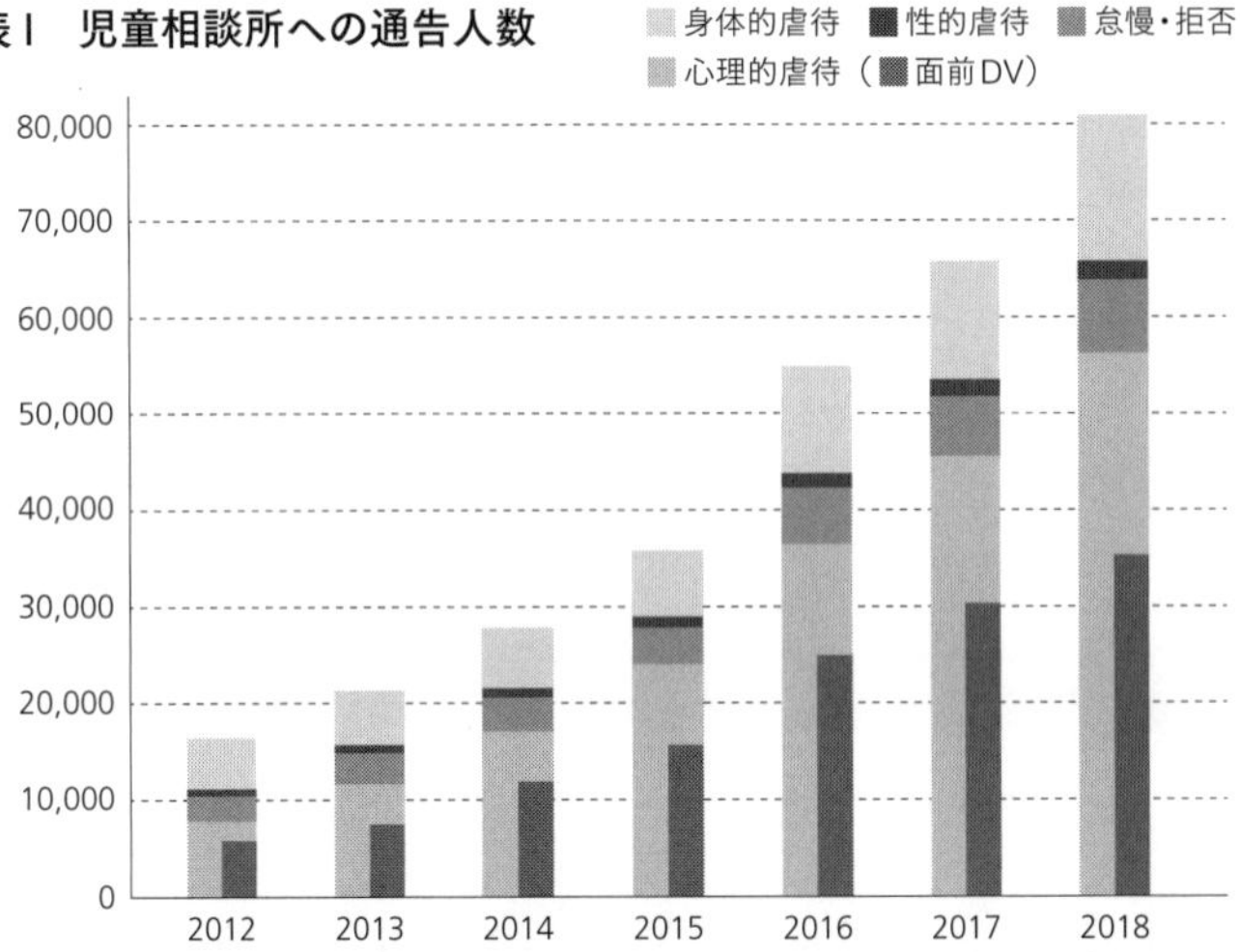

警察庁「平成30年における少年非行、児童虐待及び子供の性被害の状況」より作成

表Ⅱ　児童虐待相談の対応件数

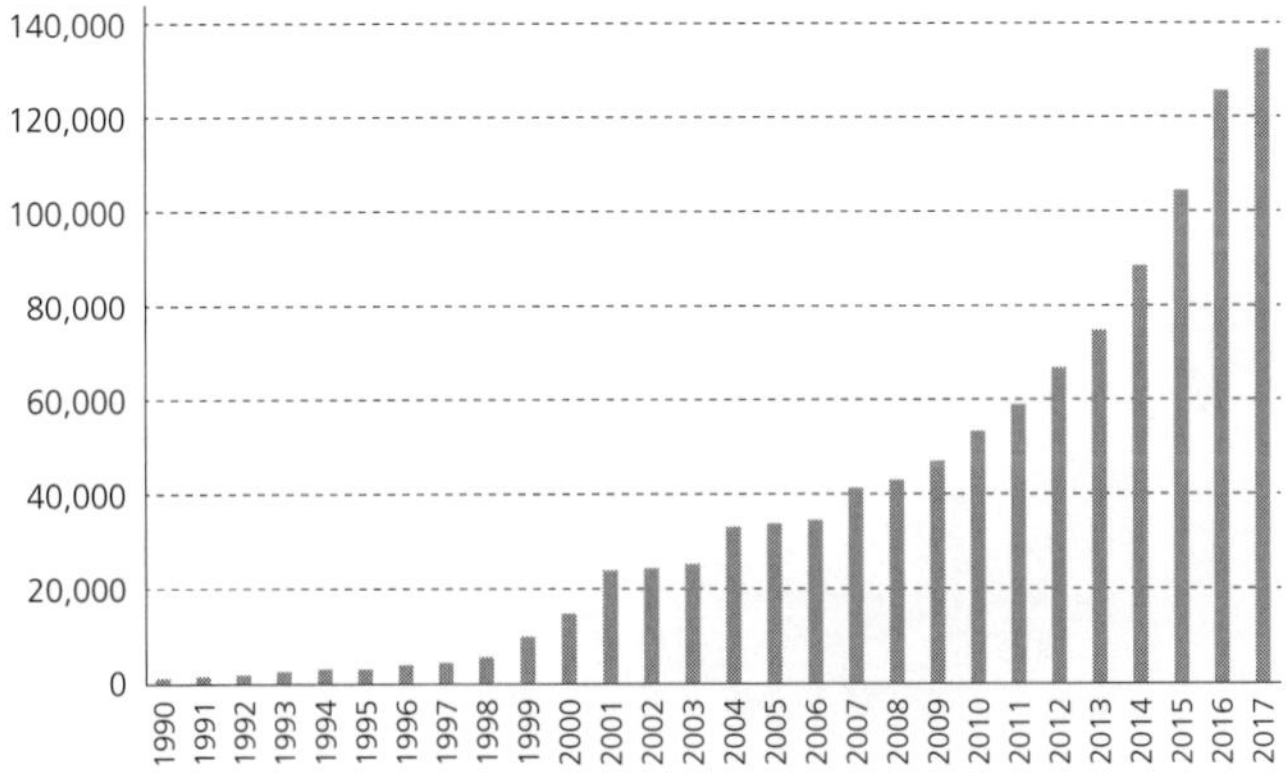

厚生労働省「児童相談所での児童虐待相談対応件数とその推移」より作成

が増加した要因は面前DVについて警察からの通告が増加したことであるということです。

なお、「身体的虐待」は24・8％（3万3223件）、「ネグレクト（育児放棄）」は20・0％（2万6818件）、「性的虐待」は1・2％（1540件）となっています。

親のDVは子どもに深刻な被害を与える

おそらく多くの人たちは、「虐待の通告人数が増えた」という記事を読んだとき、身体的虐待が増加していると想像されるのではないでしょうか。しかし2つの表から見えてくるものは、DVの通報が増加を下支えしているという事実です。

ここで知っていただきたいのは、DVに怯えた妻が110番通報する勇気を持ったことで、駆け付けた警察官がその場に凍り付いたような目をしている子どもをみつけて児童相談所に通告をするのであり、父も母も、子どもに対して心理的虐待を行ったという自覚はないということです。

妻にとっては夫の暴力が最大の問題なのであり、夫は通報した妻に怒りを抱きますが、子どものことはかわいいと思っているのです。このように身体的虐待やネグレクト同様、面前DVも親に虐待の自覚はありません。

では、面前DVはそれほど深刻な被害を与えるのでしょうか。アタッチメントという言葉を思い出してください。子どもにとって何より大切なのは安心感と安全感なのですが、世界そのものである養育者＝親が、もういっぽうの親に暴力をふるうという現実は、子どもたちのアタッチメント形成を困難にします。

どの子どもも一時期夢中になるほど大好きな遊びに「秘密基地ごっこ」があります。庭の片隅にこっそりつくった秘密の場所が、3歳を過ぎた子どもにとっては誰にも侵されない自分だけの安全地帯になるのです。アタッチメントは、そんな安全地帯の役割をしているともいえるでしょう。**親が子どもにとって安全地帯の役割を果たしているか、という問いかけがもっとなされるべきではないでしょうか。**

また、DV目撃の子どもへの影響は、その瞬間だけの問題ではありません。心理的虐待はそれで死ぬことはありませんが、そのぶん記憶され学習されることで、極端に言えばその後の人生の深部において大きな影響を与えます。

ここですべてを網羅することはできませんが、もっとも大きな影響として挙げたいのは、**暴力こそが最終的解決であるという刷り込み**です。最後は父親が怒鳴って終わる、殴ったり暴れたりすればとにかく全員が受け入れるという「解決」を経験すると、あんな父親みたいになりたくないと思いつつ、どこかでその行為を学習しているのです。このことについては、追ってくわしく述べたいと思います。

「愛のムチ」なら許されるのか

甲子園の高校野球の熱闘をはじめ数々のスポーツが与える感動はわかりやすく、家族全員で共有できます。半ば引きこもっている息子たちや娘たちが、オリンピックの期間中は居間に出てきて家族といっしょにテレビの前で声援を送る。しかし閉会してしまうと、再び以前と同じ状態にもどってしまう、といったエピソードをカウンセリングの場ではしばしば耳にします。

しかし感動の裏側で、運動部やスポーツ選手の強化練習における暴力やハラスメントの問題はひそやかに語られ、ときどき表面化して問題になったりします。ひとつの目標に向かうとき、暴力的な方法や脅しを用いることが正当化された時代がありました。古くは『巨人の星』、『スクール☆ウォーズ』などにみられるように、殴ることが強くなる条件とされていたのです。

２０１７年の夏には、有名ジャズ音楽家の中学生に対する行為が暴力なのかどうかについてさまざまな場面で話題になりました。テレビでも「愛のムチじゃないか、それまで否定したらまずい」という発言がされたのに対して「あんなことするなんて大した音楽家じゃないな」という意見も出されました。

もし人類の進歩というものがあるとすれば、それは、暴力が減少することではないかと私は思っています。最大の暴力は、言うまでもなく戦争です。国家の戦いという大義名分のもとで、人間が人間を殺すのが戦争であるということを、いやというほど見せつけられてきました。

少なくとも私は、誰からも暴力をふるわれたくないし、誰にもふるいたくないと思っています。愛があれば、ムチは不要なのです。**ムチや暴力以外の方法で、相手に伝えようと努力すること、そのために言葉は存在する**のだと思います。

子育てとは、子どもの安全地帯であること

カウンセリングにおいてしばしば語られる記憶があります。社会的に立派な職業についていた父親から執拗にと言ってもいいほど暴力を受けていたと語る女性、父親が毎晩のように母親を殴る隣の部屋で、別の世界のできごとと自分に信じ込ませながら受験勉強をし

ていた男性……。

愛のムチ、しつけなどと名付けることによって、暴力をあたかも美しい行為であるかのように見せかけることは可能でしょう。でも、受けた側は、必ずそこに屈辱感や恐怖、わずかな怒りを忍ばせているものだと思います。愛のムチとは、それを行った側の正当化の言葉であって、受けた側の言葉ではないと思います。アタッチメントが子どもの立場に立つ「子ども語」だとすれば、虐待もＤＶも暴力も、受けた側に立つ「被害者語」なのです。

子育てとは、もっとも弱い立場の子どもの立場を思いやり、安全地帯としての親であることを最大の柱としています。極論すれば、それだけでいいとさえいえるでしょう。母子密着の問題点は、母が自分の都合で子どもとの距離を縮めるからであり、そこに子どもの安心感の確保という視点はありません。子どもという無抵抗な存在を自分の思いのままに扱うことは、自分が正しいと信じて子どもをその方向に強いるために殴ることと変わらないでしょう。

ママ友との「闘い」と子どもの心

「ママ友」という言葉のはじまり

ママ友という言葉が一気に広がったのは、1999年のいわゆる「音羽幼女殺害事件」以来のことではないでしょうか。逮捕された女性が「同じ幼稚園に子どもを通わせる母親どうしの軋轢《あつれき》が背後にあった」と述べたことから、一気にママ友という言葉がメディアを通して使用されるようになりました。それ以来、育児期の母親にとってママ友との付き合いが困難であるという先入観も生まれ、子どもを入園させた女性たちが神経をすり減らすことにもつながっています。

幼稚園に比べて保育園ではそれほど大きな問題にならないのは、たぶん送迎する前後に親どうしがそれほど交流を深めることがないからでしょう。何しろ時間がないので、ママ友どうしでおしゃべりといっても限定された時間だけになります。

女性の活躍という言葉が、政府主導で華々しく喧伝されるこのごろですが、とくに大都市周辺では、子どもが小さいうちは仕事に就かなかったり、時間調整が容易な働き方をしたりしている女性が多いことがよくわかります。地方都市では、保育園が一般的だったり、祖父母が送迎したりすることも多いため、ママ友問題はそれほど多くないのではないでしょうか。

しかし小学校に入ると、子どものいじめなどと連動する事態も起きるようです。近年はＬＩＮＥなどのＳＮＳで親どうしの交流も密になり、２０１５年に栃木県で起きた事件では、子どものいじめに関連したＬＩＮＥ上での母親どうしの関係が、２人の女性が自殺するという事態を生みました。しかもそれを町全体で隠蔽しようとしたことで、かえってその異様さが際立つ結果となっています。

ママ友問題は、都市部にある幼稚園（ときには小学校）に子どもを通わせている、専業主婦的状況の母親の関係に限定されていると考えられがちですが、コミュニティによる縛りが強い地域では、ママ友どうしの軋轢が地域の抑圧的状況と連動して、問題をさらに深刻化させるという例も多いのではないでしょうか。

「ボスママ」を頂点に序列化された世界

かなり前ですが、私の経験を思い出してみます。１９８０年代、東京近郊の街に住んでいましたが、息子の通う小学校の父母会に参加して驚いたことがあります。何とも言えない空気感と、ボス的存在の親の態度です。行事をどうするかを中心とした議題だったのですが、ひとりの親が場を仕切るのです。その追従者である親たちが彼女をもり立て、残りはそれに従うという雰囲気でした。まるで政党の集会のように序列化された世界にびっくりしてしまったのです。

それから10年近く経って娘の高校の父母会に参加したのですが、ここでも驚かされました。学園祭の準備も含めて数度集まりがあったのですが、かなり自由な校風が売り物の学校だったにもかかわらず、行事の打ち合わせの席では、一人の親が仕切っているのでした。顔役という言葉がぴったりの彼女は、学園祭の役割分担の決定に際して、話し合いをするどころか、立ち上がって「ハイ、ハイ！」と手を叩きながら出席している親たちを自分の思い通りに動かすのです。その様子は、まるで羊の群れを牧場の小屋の中に追い込むような態度に見えました。

この2つのできごとは、子どもの自主性を重んじ、皆の意見を尊重することを建前とする「自由な学校」の父母会で起きていたのです。その光景は、あのころも今も、首都圏も地方都市も同じではないでしょうか。大げさかもしれませんが、それらの経験から日本の民主主義の足元を見る思いがしたのです。

このような、教育をめぐる表向きの理念や建前がべりっと剝《は》がされてしまう世界のすさまじさは、経験しなければなかなか想像できないでしょう。方針決定に際しての取り引きや談合、集団における支配欲と権力構造、いわゆる学校というシステムが孕《はら》む闇の部分が、そこで一気に露呈したように思われたのです。ボスママたちは、なんのためらいもなく、あっけらかんとそれらをさらけ出しました。

私にとってのこのような父母会体験は、皮肉にもママ友の世界について考える大きなヒントを与えてくれたのです。

「〇〇くんのママ」と呼ばれること

あのボスママたちも、おそらくひとりの名前を持った個人として出会えば、それほど露骨な態度をとることはないでしょう。ちゃんと礼儀をわきまえ、互いを尊重する言動で、和やかに話す人たちに違いないのです。

　では、なぜあのようにむき出しになるのでしょうか。ママ友として存在することは、名前を持った「私」として存在することではありません。「○○くんのママ」と呼ばれることは、決して「○○さん」という個人として呼ばれることではなく、名前を失うことだと言ってもいいでしょう。しかし、**むしろ名前を失い、個人として問われることがなくなることで獲得されるものがあるのではないでしょうか**。

　一対一で個人として向き合えば、自分のさまざまな言動が相手に影響を与えますし、そのことで責任を問われることにもなるでしょう。自分の業績があからさまになれば、評価にさらされることになります。だから、多くの人たちは発言に気を遣い、他者を傷つけないように細心の注意を払うのです。何か起きたら、自分の責任になってしまうという恐れから、対人関係に臆病になるのも同じ理由です。

　しかしママになればどうでしょう。結婚して妊娠し、出産するというプロセスは、今や当たり前のことではなくなりました。40年前と決定的に異なるのはその点です。結婚しない女性も多く、出産しない女性も珍しくありません。すべては選択可能になったのです。

　1970年代は恋愛結婚が見合い結婚よりも多くなり、専業主婦率はもっとも高く、団塊世代がその主役でした。結婚して子どもを産むこと、妻として母として生きることが当たり前だったのです。しかしそのすべてが選択可能になることで、ひとつひとつの選択が達成を意味するようになりました。**女性のライフサイクル上の課題をクリアし、一大事業を成し遂げた人たちが、ママなのです。**

そのことの価値は、自由を失うこと（母親役割の強制による）や、仕事を中断するといった阻害要因のリスクをはるかに超えて、燦然《さんぜん》と輝くかのように思われます。何より、ママという称号は社会的信頼を勝ち得ることもできます。「**母になること**」**は正しいことであり、母は子どもにとって絶対的存在であるということを、社会が、常識が保証してくれます。これは人生における最高のライセンスでしょう。**

ママという仮面が人間関係をむき出しにする

ママと呼ばれることは没個性的になるようにみえますが、けっしてそうではありません。彼女たちは、「私」の上にママという仮面をかぶります。仮面舞踏会で、普段と違う大胆な行動ができるのは、あの仮面によって自分の顔が隠されているからです。舞踏会と呼ぶのはあまりに美し過ぎるでしょう、むしろ私は、ローマ時代の円形闘技場（アリーナ）を連想します。民衆は、観客席から奴隷たちが闘うのを見ました。傷つき血を流すのはあくまで戦士である奴隷であって、民衆は何一つ痛むことはありません。

暴論かもしれませんが、民衆はママです。そして子どもこそ、奴隷の戦士です。背後に控えて、もっと頑張れと操作し、闘わせるのはママたちです。闘技場における観客たちは、何か起きたとしても「自分がやったわけではない」と言えます。闘い血を流すのは自分ではないという無責任さがどこかに潜んでいます。それがあけすけさを生んでいるのでしょう。

ママという安全弁、免罪符、仮面によって、日常の人間関係においては隠蔽されたり語られなかったりすることが、まるで歯止めを失ったかのように露呈し、むき出しになり、あけすけに語られてしまう。これこそがママ友集団の特徴であり、恐ろしさなのです。

「ほめほめ競争」が子どもに強いること

さて、子育てという視点から見てみましょう。ママ友集団におけるむき出し感は、子どもに対してどのように表現されるのでしょう。

闘技場で闘うのは子どもであるとすでに述べました。つまり、他の子どもより優越していることをあからさまに望むのです。しかし彼女たちはローマ時代の民衆のように「闘え！」と声高に叫ぶわけではありません。ママ友どうしで「うちの子はこんなことできるのよ」という話題が出ると、しばしば「ほめほめ競争」めいた雰囲気になります。「○○ちゃんはやさしいから」「いやあ、ただ鈍いだけよ」「△△はパパとオセロゲームやって、パパに勝っちゃうの」「へー、すごいわね、さすがね、うちなんかムリムリ」「のびのびしてるんじゃない、個性よ」

このほめほめ競争は、「**めらめら競争**」**でもあります**。このことはすぐさま他のママたちに「自慢ばっかりしてやな人ね」「こんなこと言ってたわ」と伝わり、子どもがオセロでパパに勝ったという話題を出したママには、あっというまに「無神経で上から目線の人だ」というレッテルが貼られます。

そして、負けたと思ったママは、帰宅後に子どもに当たり散らすのです。「もう、どうしてなの！　そんなふうだから、ママがバカにされるじゃない！」「ママを苦しめたいの、そんなにママのことが嫌いなの？」と叫びます。子どもがオセロなんかできないことにキレて、ときには泣いて子どもを責めます。彼女たちは、単に感情をむき出しにするばかりでなく、巧妙に被害者のポジションを取るのが特徴です。

「**叱る**」**という親としての責任を持った位置どりではなく**、「**親である自分が傷つく**」**と訴える、被害者としての位置どりです**。子どものあなたがオセロをできないことがママを傷つけたのだ、なんで傷つけるのかと問いつめられ泣かれたら、子どもはどうすればいいのでしょう。「ママ、ごめんなさい」「もっといい子になるからね」と言うしかないでしょう。この言葉は、2018年に東京都目黒区で虐待死した女児がノートに書き残した言葉そのものではないでしょうか。

子どもに罪悪感を植えつけて、ママを苦しめないためにはママの言うとおりにしなければ、と思わせることが、完璧な支配につながることは言うまでもありません。ママの支配がローマ時代の粗雑な支配と決定的に異なるのはこの点です。

差別観を植えつける「あの子とは違うのよ」

タワマンの林立するエリアでは、ママ友どうしの関係に、住居の階数がはっきりと影響します。「何階にお住まい?」「どのマンションにお住まい?」という問いかけの答えによって、上下関係が決定されるのです。いきおい、近接する階層どうしが付き合うことになり、**自分たちと同等、もしくは少しだけ上の階の子どもとしか遊ばせないようにする親は多いのです。**

「あの子とは遊んじゃダメ」「あの子たちとしか遊んじゃダメ」のように、直接子どもの人間関係を限定するのですが、多くのママたちは、世界を分断するという作戦をとります。キーワードは「あの子とは違うのよ」です。たとえば外国籍の子どもを指して「あの子とは違うのよ」と言います。言い換えれば「住む世界が違う」ということです。

お受験と呼ばれるものも、思春期に受験競争をさせたくない親心というベールの下には、同じ階層だけで固めたい、住む世界が違う人間と付き合わせたくない、という差別観が存在します。

差別の原点は家族にある、と思います。なぜ、仲良く校庭で遊ぶ子どもたちが「あの子は違う」「あの子とは遊んじゃダメ」と思うようになるのでしょう。やはりそこには親の、「住む世界が違う」という分断や差別が影響しているのではないでしょうか。

他人と比べて子どもを支配する

ママ友集団がむき出しの支配に満ちていることはお分かりになったと思いますが、そこに生まれるのが**マウンティング**です。これは、**いつも他者と比較をして、上か下かの値踏みをし、上に位置しようとする態度**を表します。親どうしばかりか子どもの世界に対しても行われ、いつも自分の子を基準に上か下かを判断するのです。

上の子に対しては、「○○ちゃんは××ができるんだって」と比較します。これは向上心を植えつけるためと正当化されがちですが、子どもにとってみれば、「ダメな自分」「○○ちゃんみたいになれない自分」を刻印されるでしょう。下の子に対しては、「ああなっちゃおしまいよ」「あんな風になりたいの？」と負のモデルであることを強調します。そう言われると、子どもは「少しでも頑張るのをやめると、すぐに転落してしまう」「○○ちゃんみたいになったらおしまいだ」という、一寸先は闇だという恐怖を植えつけられることになります。

27歳のアキラさんは、幼いころから母親に「油断しちゃだめよ、気を抜くとほら、ホームレスになっちゃうんだから」と言われてきました。彼は、中学受験のための塾に入るための教室に小学校3年生から通わされました。「みんなとは違うんだから」というエリート意識を植えつけられながら、いっぽうでは「気を抜くとホームレスよ」と脅されてきたのです。

彼の母親は、ママ友集団をバカにしていました。専業主婦だったのですが、頭が悪い人たちに交わると損をすると豪語し、アキラさんの受験勉強にすべてを賭けていました。いつのまにか植えつけられたエリート意識のせいで友達から「いやなやつ」と思われたのか、アキラさんは小学校低学年からひどいいじめに遭いましたが、母親はいっこうにそれに気づいてくれませんでした。母親はママ友集団から外れていても生きていけましたが、アキラさんにとっては毎日が地獄のような日々でした。

「みんなと同じじゃダメ」「皆より上でなくちゃ」という呪縛が、どれほど自分に影響を与えたかが自覚されるようになったアキラさんは、現在母親と断絶中です。

ママ友との「闘い」が子どもに与える影響

ママ友との関係では、直接自分が闘うわけでないという間接性、闘うのは子どもという代理性、そして「結果責任の免除」による気楽さによって暴走しがちになります。**「私が差別しているわけではない、だって私はママなのだから」という盤石な言い逃れ、責任回避が、彼女たちを大胆にさせ、むき出しの支配や差別、マウンティングへとつながるのです。**

彼女たちの多くが、仕事をした経験があることも影響しているでしょう。いかに社会が差別と不平等に満ちているかを、痛いほど女性として味わった彼女たちだからこそ、ママになることの無敵さの快楽を味わうことができるのです。自分の力ではなく、他者を操作し、他者の得たもので勝負する、それはかつての挫折を挽回するチャンスにもなるでしょう。

思いっきり、自分より弱い者や劣った人間を差別することの優越性を感じることもできます。おまけにその関係は期限付きで（子どもの卒園などで終わる）、あるときが来たら解散することがあらかじめわかっているのです。

このように、ときに野蛮な、ときにあからさまな集団が、ママ友集団なのです。それを身近で見せることが、子どもに影響を与えないはずはありません。この世の中を渡っていくためには、人を蹴落とし、ときには差別することを必要悪として身につけなければならないこともあります。しかし、ママ友集団のありようは、母親が率先してそれらを子どもに教え込むことになるのです。

もっとも身近な人から注ぎ込まれた人間観や差別観が、どれほど残酷で、親密な人間関係をつくるのを妨げるかに気づくまでには長い時間がかかり、そこから脱却するためにも多大なエネルギーを要するのです。

親どうしの人間関係だから子どもにはわからない、というのは誤解でしょう。子どもは鋭い観察者です。親の夫婦関係と同じように、ママ友集団を観察しているのです。一対一で向き合うママだけでなく、ママの人間関係の観察から、子どもたちは多くを学びとるということを忘れないでいたいものです。

パワフルな祖母にふりまわされる母と子

結婚できない息子(娘)はかわいそう

この数年、「少子高齢化」という言葉を目にしない日はありません。これは国の経済や政策の問題だけにとどまらないでしょう。人口の約3分の1が65歳以上の高齢者で占められるという事実は、家族にも大きな影響を与えているのです。「少子化」「高齢化」にもうひとつのキーワード「非婚化」を加えると、カウンセリングで出会ういくつもの家族の情景が思い起こされます。

カヨコさんは60代も半ばを過ぎているけれど、まだまだ元気でエネルギー満々、週3回程度の気楽なパートに行っています。パートでは仕事をまじめにこなし、雇用主から重宝されているようです。夫は定年退職後、子会社・孫会社と移り、毎日会社に出てはいきますが、以前よりは時間ができたため、空いた時間は大学の公開講座や図書館通いで忙しいといいます。

カヨコさん夫婦の悩みは、同居している、30代半ばを過ぎた息子と娘のことです。2人とも、結婚する気配がないのです。「身を固めてほしい」「できれば孫を抱きたい」という願いだけは、それほど仲のいい夫婦ではないのに奇妙に一致しています。しかし夫のほうは子どもになんの働きかけもしません。カヨコさんのほうが思いつめて、深刻になっているのですが、夫はそれに対しても無関心なままです。

カウンセリングに来談したカヨコさんは、2人の独身の子どものことを思いつめ、私の前で泣き崩れました。いっしょに暮らしている35歳の娘と39歳の息子のことを「かわいそうで……。ほんとにかわいそう」「このまま結婚できなかったら、どんなにさみしい人生を送るのかと思うと……私が死んだあとに孤独な生活を送るに違いないんです、そんなあの子たちを思うと、死んでも死にきれません」。涙ながらにこう語ったのです。

これは極端な例かもしれませんが、似たような思いの還暦を過ぎた母親は、全国に大勢いるに違いありません。不思議なのは、そんな母親たちに「そんなに結婚させたいのはなぜでしょうか、あなたは結婚してよかったと思っていますか」と尋ねると、ほぼ全員が

「いいえ、結婚なんか正直しないほうがよかったですよ、そりゃ」と答えるのです。にもかかわらず、子どもには結婚をさせたいと切望する彼女たちを駆動するのは、次の2つの考えでしょう。

結婚は人生最大の保険？

1つ目は、結婚は最大の保険であるという考えです。社会保障が少しずつ充実してきたとはいえ、まだまだ日本社会は「家族」に多くを負わせることで支えられています。誕生から病、介護、そして葬儀にいたるまで、どれほど多くの制度が家族の支えを前提としていることでしょうか。

しかも、「家族の支え」といっても、これまではそのほとんどを女性が担ってきたのです。子育てや介護をする男性も増えてきてはいるものの、イクメンと呼ばれ賞賛されたり、介護経験が美談として本になったりする程度でしかありません。子どもを結婚させたいという女性たちは、そんな理不尽な過重負担を知りつつ、結婚なんかと思っていても、自分の子どもがそこから外れることは強く恐怖します。

なぜならそれ以外の道も、未婚のまま老いるという先例も知らず、家族の範型から逸脱する存在への風当たりの強さだけを知っているからです。**結婚して家族をつくることは、日本で生きていく上での最大の通行手形であり、もっと言えば、いざというときの最大の保険なのです**。寂しい人生を送る、そんなかわいそうなことはさせられない、というのは表向きの理由にすぎません。

マウンティングの「駒」としての孫

2つ目は、孫を産んでほしいという願い・考えです。子育て論に直接かかわってくるのはこちらのほうということになります。

それではいったい、なぜ孫がほしくなるのでしょう。人によってはこれを野暮な質問と取ります。「孫はかわいいに決まってますよ、歳を取れば当たり前ですよ」と逆に説教されるのが関の山です。天邪鬼の私は、「かわいいだけの存在であれば、ペットじゃだめなのだろうか」「犬や猫、鳥などはペットショップに行けば買うこともできるし、携帯の待ち受け画面や年賀状にもペットの画像はあふれているではないか」そう思ってしまうのですが。「孫がいない人にはわからない」と言われないためにも、私にも孫がいることをお知らせしておきます。

それにしてもこの言葉は、「子どもを産んでみないとわからないわよ」「男の子だけじゃね、女の子を育てないとわからないわ」などという、女性にだけ浴びせられる数々の差別的な言葉と同じではないでしょうか。差別的とはきつい表現かもしれませんが、**「経験していない人にはわからない」という批判は、同類の集団において、経験者が絶対的優位を誇示するために、未経験者に対して投げかけるいわばマウンティングの言葉なのです。**だから男性に対しては言いませんし、まして自分より明らかに上の立場の人には言いません。

微細な差異をみつけてマウンティングするのは、女性のお得意分野です。ママ友との関係は、このようなマウンティング・逆マウンティングの連続と言ってもいいでしょう。そう考えると、孫ができる年齢になってもそれが続くことに気が遠くなる思いがします。

どうして「孫はかわいい」のか？

お盆休みやお正月になると、必ずテレビのニュースで流れる光景があります。「何して遊んだ？」とマイクを向けられ、「おじいちゃんと凧揚げした！」ときらきらした目で答える子どもの姿は、見る者を和ませます。また新幹線のホームで、「次は夏休みにまたおいで～」と窓越しに手を振り、涙を流して孫に声をかける祖父母の姿も定番です。

そこから、近年増加してきた「じいじ・ばあばの孫育て論」みたいな内容にいきつくのは簡単ですが、それは私の望むところではありません。それに、いつの間にか定着した「じいじ」「ばあば」という表現も、生理的に受け付けません。

正直言って、孫はほんとうにかわいい、無条件にかわいいです。しかし、なぜこんなにかわいいのか、子どもに対する感情と何が違うのかを考える必要があるでしょう。なぜなら、カウンセリングでは、子どもがかわいいと思えない親や、そんな親に育てられた人に多く出会うからです。家族において「本能」と思われていることの多くは、じつは歴史のある時点につくられたものなのです。

日本相撲協会は土俵に女性を上げないことが日本の「伝統」であると主張していますが、研究者によれば、それは明治以降につくられた伝統であるという説が有力です。家族の伝統も同じでしょう。だから、孫がかわいいという人もいれば、全然関心がない人もいることを前提としなければなりません。

孫がかわいい理由はいくつか言われていますが、ひとつは、すでに子育てを終了しているために孫という存在を余裕をもって見られることがあるでしょう。言い換えれば責任からある程度解放されているからです。自分の子どもへの「かわいい」という思いは、成人まで育てなければならないという責任感によって相殺されてしまいます。もうひとつ、別の理由も考えられますが、それは次節のテーマですのでそこでお伝えしましょう。

ふくれあがる、パワフルな祖母の役割

生涯未婚率（50歳まで一度も結婚したことのない人の割合）は、２０１５年の時点で、男性23・３７％、女性14・０６％におよびます。この事実は、孫である子どもにとっては、自分をとりまく親族の大人の数の増大を意味します。

両親、両親それぞれの親４人の計６人に加え、両親の独身の同胞（おじさん、おばさん）がいれば、７人以上のおとなが子どもを取り巻いていることになるのです。お正月にもらうお年玉の金額は膨大になるでしょう。かつて「６つのポケット」と言われましたが、おじさんやおばさんを加えるとポケットの数はもっと増えるのです。

ＮＨＫの『鶴瓶の家族に乾杯』という番組を見ると、地方都市の家族の状況が手に取るようにわかります。もちろん、撮影対象の家族を選んでいるせいもあるでしょうが、３世代同居は当たり前、ときには４世代が近所に住み、交流しながら暮らしているのです。そのほとんどが両親共働きで専業主婦は少なく、両親に代わって祖母が孫の面倒をみていま

す。祖母の姿は若々しく、笑福亭鶴瓶にジョークを飛ばして場を支配するほどです。小学校や中学校に通う孫たちは、そろって祖母になついており、気のせいか両親の影が薄いのです。

現京都大学総長である山極寿一の『家族進化論』(東京大学出版会、２０１２)によれば、アメリカの人類学者クリスチャン・ホークスは、「人間の女は娘の繁殖を補助することによって子孫の繁栄に貢献した」という仮説を立てています。閉経期を過ぎると類人猿の多くが寿命を終えてしまうのに、人間の女性はそれから何十年も生きることはこの仮説で説明されるとして、これを「**おばあちゃん仮説**」と呼んだのです。

１９７０年代に結婚したいわゆる団塊世代は、専業主婦率がもっとも高い世代でした。今では、専業主婦は恵まれた存在であり、女子高生たちが憧れているともいいます。地方都市においては、経済的に父も母も働かざるを得ないのかもしれませんし、祖父母が子どもの面倒をみてくれるから両親は心おきなく働けるのかもしれません。いずれにしても、『鶴瓶の家族に乾杯』に毎回登場する、パワフルで若々しい祖母である女性たちの姿を見るたびに、「おばあちゃん仮説」が実証されているような気がするのです。

3世代にわたる子育ての軸

このように、子育てにおいて祖母（ときには祖父）の存在がかつてなく大きくなっており、それは人口構成比や出生率といった数値を見てもよくわかります。さて、祖父母と孫との関係について、子育て論という視点からとらえるとき、もっとも重要なことは孫（育てられる立場）の視点であることは言うまでもありません。

しかし3世代にわたる子育てでは、いくつもの軸を多層的に考えなければならないでしょう。それは、誰の視点に立つかによって次の3つに分けることができます。

①祖父母から見た子ども（息子夫婦・娘夫婦）、孫
②子ども（息子・娘）から見た孫（子ども）、祖父母（親）
③孫から見た親、祖父母

孫・親・祖父母の3世代のとらえ方や見方が調和していて、それほど齟齬《そご》をきたさないのが理想ですが、残念ながら実際はそれほどうまくいきません。とくに①の祖母があまりにパワフルで強くなりすぎると、②の子ども世代にとって大きなプレッシャーになります。それは③の孫にも影響を与えるでしょう。

カウンセラーとして、多くかかわってきたのが②です。ここで、出産して母親になることで初めて、自分の親をはっきり批判できるようになった女性たちについて述べてみましょう。

孫に自分の乳房を吸わせる祖母

娘が妊娠したとたんに、距離をぐんと縮めてくる母親がいます。口を開けば「どうしてそんなにつわりがひどいの？　私は平気だったわ」と言ったり、「妊娠線はどうなの？」などと電話してくることもあります。

これからも仕事を続けていこうとしている娘に対しては、表向きは応援しているふうを装いながら、自分には手が届かない仕事をしている娘にあった遠慮が、タガが外れたようになくなってしまうのです。**なぜなら、自分のほうが人生の先輩なのだから。娘が逆立ちしても追いつくことはできませんし、いつまでも圧倒的優位性を誇ることができます**。おまけに、すべて面倒見のいいよき母の言葉として変換されるので、何を言ってもかまわないのです。

令和の時代になった今でも、女性は出産の前後に実家に戻って母親のもとで過ごすという、いわゆる里帰り出産が当たり前とされています。授乳やおむつ替えなど、すべてが初めてなのですから、実母の助けが必要だと考えられているのです。

しかし中にはこんな母親もいます。抱き方や授乳の手つきに一つずつ文句をつける。「どうしてそんな手つきなの！」「だから泣いちゃうのよ」と叱責する。おまけに孫に向かって、「あ〜あ、かわいそうにね、○○のママはひどいね」「ママよりばあばのほうがいいのね、わかったわかった」と娘を自分と比較してけなす。

なかなか母乳が出ないと、「ミルクはだめよ、あなたは全部母乳で育てたのよ」と娘を責め、「ほら、こうやって吸わせるのよ」と自分の胸をはだけて、孫に自分の乳房を吸わせるのです。信じられないかもしれませんが、このような例は何人もの女性から聞かされました。女性たちの母は、祖母といっても50代。娘にとっては、妙に生々しいその姿はショックで、いつまで経っても忘れられないと語るのでした。

娘よりも孫に熱中するあまり、**「あんたには母性愛が足りないんじゃないの」「そんな育て方してて心配だわ」「仕事に戻らなきゃいけないんでしょ？　○○を置いて、あんただけ戻ったら。私が立派に育てるから」**という祖母もいます。

反対に、娘と孫がやってきたことで、家事から解放されたと勘違いする祖母もいます。いちおう添い寝をしてくれて、夜中の授乳も手伝ってくれるのですが、いつの間にか外出して戻ってこないのです。お昼ご飯どきには「お友達とランチします！　孫自慢してるとこ♥」といったメールが入ります。しょっちゅう宅配便が届くので、その都度玄関に出なければならず、夕食のおかずもすべてスーパーの見切り品を食べさせられるのです。

彼女たちは、このような実母との生活にほとほと疲れ果て、中には痩せてしまう人もいます。夫が実家を訪ねてきたのをきっかけに、まるで脱出するように家に戻った女性もいます。ある女性は、昼間母親が出かけたすきに、産後1ヵ月の身で子どもを抱きタクシーを呼び、新幹線で大阪から東京に戻ったといいます。

母親になったから「母」を批判できる

彼女たちは、母親のそのような態度を意外ではないと語ります。それまでもうっすらと、「ほんとうにこの人は娘のことを心配しているのか」と疑ってはいました。しかし決定的に衝突しないように、娘のほうから母親と距離をとり、なんとか穏便に付き合ってきたのです。ところが、里帰り出産をすれば、否応なしに顔を突き合わせなければならなくなります。そこで見えてくるのが先ほど述べたような、信じられない態度なのです。

娘たちの判断の基準は、はっきりしています。「**私だったら、自分の子どもにあのよう**

な態度はとれない」というものです。「目の前で眠っている子どもを見ながら、なぜあの母は私に対してあんなことができたのかと思いました。私ならこの子にあんなことはできません」。母親になることで、娘たちは自分の母を批判する明確な対抗軸を持ったのです。こうして、**多くの娘たちが出産を契機に母親と離れる決意をするのです**。

このような決意をしたとしても、世間はなかなか理解してくれません。「母親は子どもをかわいいと思う」ことを信じて疑わない以上に、「祖母は孫をいつくしみ、娘の子育てを助けてくれる」という常識は堅固です。娘たちは、二重の意味で常識や世間の目と闘わなければなりません。しかし、闘う女性はごく一部です。多くは「自分はわがままだ」「母親の言葉のほうが正しい」「私には母性愛が不足しているのだ」と自分を責めることになります。

産後うつと言われるものの多くが、産後の孤立感と自信喪失を背景としています。夫の理解や支持を得るには時間がかかりますが、そのとき娘を支えてくれるはずの育児経験者である母親が、自信を喪失させるような言葉をかけ続けたらどうなるでしょう。驚くほど多くの祖母が、孫に対する娘の育児態度を批判し、「母性愛に欠けている」「母性愛がないんじゃないの」という決定的言葉を吐いているのです。

謙虚さを持てない祖母にご用心

孫が成長するにしたがって、このような祖母は、孫に母親の悪口を吹き込んだりします。「ママはダメだね、小さいころからそうだったよ。言うこときかなくてね、ばあばがどれだけ苦労したかわかる？」などと言いながら、いつのまにか自分の味方に引き入れてしまいます。

しかし孫にとって、祖母は母の代わりになるはずがありません。多くの子どもは、祖母を傷つけたくはないし、いっぽうで母親に嫌な思いもさせたくないのです。母親が仕事をしていたりすれば、祖母と過ごす時間のほうが長くなることもあるでしょう。かりに両親の夫婦関係が悪く、おまけに祖母から母親を否定され続けるとすれば、孫である子どもは、家族におけるいくつもの対立関係の中を泳ぎ、調整しなければならなくなるのです。

これらが子どもの心理的負担になるかどうかは、ひとえに母との信頼関係がどれほど強固であるかにかかっています。

おそらく祖母に、悪いことをしているという自覚はないでしょう。それを娘が指摘しても、「だって本当のことだから」と悪びれることもないでしょう。「自分が娘（息子）にとってよき親だったかどうか」という反省的視点を持っているかどうか。そんな謙虚さを持っている親は少ないでしょう。**まして娘が成長し、仕事に就き、結婚して孫まで産んでくれたなら、そのことが母親にとっては自分がよき親だったことの証明であり、合格通知なのです。**

だから彼女たちは自信に満ちていますし、孫にとって自分がよき祖母であることも信じて疑わないのです。世の中には、このような祖母が溢れていることに、孫も、その親である娘（息子）も用心しなければならないでしょう。

孫に執着する「ばあば」から逃れるために

「おばあちゃん」から「ばあば」への変化

駅ではよく、「ばあば！　こっちだよ」と大声で呼んでいる幼児を見かけます。散歩をしていると、孫らしき子どもから「じいじもいっしょに遊ぼう！」と言われた白髪交じりの男性が、「チ・ヨ・コ・レ・イ・ト」と階段を上り下りして見せているところに出会います。

知らないうちに、**いつのまにか祖父母の呼び方は「じいじ」と「ばあば」が主流になっていて、テレビCMでも流されるほどになりました。**これは全国的な傾向なのでしょうか。「じいじ・ばあばの孫育て」的なタイトルの本は何冊も出版されており、知人は、大きく「じいじ」とプリントされたTシャツを着て孫の運動会に行った、と喜々として語りました。

もちろん、祖父母をヒロユキさん、ヨシコさんというように名前で呼んだり、おじいちゃん、おばあちゃんと呼ばせている家もあります。どんな呼び方をしようと基本的にその家族の自由であることは言うまでもありません。しかし、いったいなぜ、おじいちゃん、おばあちゃんという呼び方がここまで廃れてしまったのでしょう。

「老い」を否認する高齢者たち

わが身を顧みずに言わせてもらうならば、呼び方の変化は「老い」の否認が背景となっていることは間違いないでしょう。否認は否定とは違います。否定ははっきりと「そうじゃない」と主張することですが、否認は「あったことをなかったことにする」ようなとらえ方＝認知を指します。目の前にリンゴがあっても、「リンゴではない」と言うのが否定で、まるでそんなものがないかのようにふるまうのが否認です。

人口構成比によれば3人に1人が65歳以上の高齢者になった現在、街を歩けばすれ違う人の多くが高齢者なのです。私が住んでいる街では、ウィークデイの午後にチェーン店のコーヒーショップに入ると、席の9割方が高齢者で占められています。ある人は「この街も老いたなあ」と嘆きますが、この街に限らず、日本全体がそうなったのです。そのような現実は、社会全体を高齢者仕様に変えたのでしょうか。

たしかにエスカレーターが駅に完備されるなどの変化はありましたが、**65歳以上の彼ら彼女たちは、たぶんどこかで自分のことを老人・高齢者とは思っていないのではないでしょうか**。他の高齢者を見て「年寄りくさい」「老いぼれてる」と思ういっぽうで、「自分はそうじゃない」と思っているのです。数年前のことですが、岐阜に住む90歳を過ぎた実家の両親が、テレビを見ながら「ほんとに年寄りはあかん」と2人そろって嘆いているのを聞き、自分たちは年寄りじゃないと思っているのだと知って驚いたことがあります。

街で見かけた女性のうしろ姿から、30代くらいかと思って追い越しざまに顔を見たらしわだらけだった、という経験をされた人は多いのではないでしょうか。とくに首都圏では、「年齢相応」の服装を強いる世間の目が比較的ゆるやかなために、60代、70代でも、ファストファッションで購入したスキニージーンズとスパンコールのブルゾンというような組み合わせで平気で街を歩く女性は珍しくありません。

よくよく考えてみれば、人口の3分の1を占めるようになった高齢者が、自分の「高齢」「老い」を認めることなく「若くみえる」「まだまだ若い」「現役感満載」であることにしがみつくという事態はどこか異様ではないでしょうか。自分は老いていない＝まだまだ若いと考えることは、「正誤」「正邪」のように、若さと老いを二極化した価値観でとらえ、**「若さ」に最大の価値を置き、そのぶん「老い」を敗北・失敗・終末というマイナスの価値でしかとらえていないのです。**「老い」の価値がここまで失われた時代はかつてあったでしょうか。

私は「おばあちゃん」じゃない

いっぽうでこのような事態は、働き口さえあれば70代まで働き続けるというエネルギッシュな高齢者を生み出したのも事実ですし、そのことの意味はあるでしょう。それが、年金支給開始年齢を遅らせるという政策に貢献しているのは皮肉なものです。

昔話に出てくるようなおばあさんはもうどこにもいないのです。長谷川町子の『サザエさん』に登場するフネさんは50代ですが、ほうれい線の目立つおばあちゃんとして描かれています。今どき、髪をひっつめにして割烹着を着た50代の女性を見かけることなどないでしょう。むしろ美魔女などと呼ばれて、現役感満載なのです。だから孫には「おばあちゃん」とは呼ばせません。

「自分はしわくちゃの老女ではない、もっと若い」ということを顕示しているのは、老いることへの抵抗であり、老いていくことの否認です。もっときつい表現をすれば、彼女（彼）自身が老いた同性を差別していることになります。

ちょっと込み入った話になりますが、それはどこか女性自身が、男性のミソジニー（女性蔑視）を内面化した結果、「だから女はいやなんだ」と同性を蔑視し差別化するのと似ています。ところが、「女が女を差別してどうするんだ」と思われることはあっても、高齢者が高齢者を「老いるのはみじめだ」と差別することはそれほど責められもしません。

これらすべてが、あの無邪気な「じいじ」「ばあば」という孫の言葉に集約されているのではないでしょうか。だから私は、孫から「おばあちゃん」と呼ばれたい、と心から思うのです。

祖父母から孫への思いは、親よりも責任がないぶん純粋で無私だ、無条件の愛だと礼賛されこそすれ、批判されることはありません。中には警鐘を鳴らすものもありますが、せいぜい「溺愛しすぎるのでちょっとブレーキを」程度の発言です。世間は、祖父母に対して甘すぎるのではないでしょうか。**祖父母から孫への思いは、じつは相当生臭いのです。**

「死への恐怖」を孫が消してくれる

老いはなぜ否認されるのでしょうか。老いることの自覚は死への直面であり、深い恐怖を伴っているからでしょう。

自分は近い将来この世から消滅してしまう、しかし新たに誕生した命である孫は、おそらく自分が死んだあとも生き続け、自分が到底見ることのできない遠い未来を生きることになるのです。柔らかな頬やぷくぷくとした指、芽吹いたばかりの若木のような髪のそよぎ、それらを見つめ、ときにはシミだらけの手で触れることで、私たちは次の世に自分をつなぎ留めることができ、永遠の命を瞬間的に手に入れたような錯覚に陥ります。

「太陽も死もじっと見つめることはできない」という格言がありますが、それほどまでに自らの死を見つめることは難しいのです。老いの否認と書きましたが、宗教の助けによってしか、私たちは長い老いの行程を、死を、見つめられないのかもしれません。**このような恐怖とこの世から消滅することへの不安ゆえに、孫への、どこか狂気にも似た思いが生まれるのではないでしょうか。**

死んでも死にきれないという恨みが幽霊になるという説がありますが、孫の存在に仮託してでも死への恐怖から逃れたいという、生きることへの執着が、あの狂気の一部を構成している気がしてなりません。祖母の愛は、無私というより、じつに生臭く、生への執着に満ちているのです。

孫がいれば、娘は「用済み」？

さて、すでに登場した多くの娘たちを思い出してみましょう。出産後、なぜ実母（祖母）と娘（母）との関係は悪化するのでしょうか。サポートするどころか娘の子育てを批判する母、ときには孫をめぐって娘と張り合ったり、娘から孫を取り上げたりしようとする母、これは孫を溺愛しているからなのでしょうか。

彼女たちは、孫への責任がないため、外部からの批判を免れます。世間は孫をかわいがる祖母に対して、最大級の賛辞を贈るでしょう。そのときだけ、いまや絶滅した昔話に登場するおばあさんのイメージが活用されるのです。世間から甘やかされ、善意に満ちた無邪気なまでのおばあさんと錯覚された彼女たちは、じつは娘のことを考えているわけではありません。ひたすら孫のことだけを考えて、孫を独占したいのです。**迫りくる老いへの不安と死への恐怖が、孫によって得られる永遠の命への執着に拍車をかけます。**

かつて祖母たちは、自分の娘によって、叶えられなかった望みを実現させようとし、生き直そうとしたのでした。娘たちに「あなたのことは母親がいちばん理解している」という呪いをかけて、無抵抗で素直な娘に育て上げ、受験勉強を共に戦い、就職戦線も同志としてバックアップしました。母思いの娘は母の意思を実現し、おまけに結婚して孫まで産んでくれたのです。ほんとうは母は娘に感謝してもいいくらいですが、「自分が苦労したからあの子の現在はある」と考えていて、娘に感謝するなんて思いもしないでしょう。

そして孫の出現は、思いもかけない世界の幕を開けました。新しいステージのはじまりです。**それは遥か未来にまで生きられるという「乗り移り」の可能性です**。その時点で、娘は「用済み」になるのです。関心は娘ではなく、素早く孫にシフトし、孫から目が離せなくなります。

孫の脳裏に「ばあば」の存在を刻み付ければ、自分が死んだあともその刻印は消えることなく、孫の身体をとおしてのちの世にまで生き続けるのです。孫への祖母のまなざしは、孫をすべて許容しているかに見えますが、それは自らの老いへの不安と死への恐怖と裏腹になった、狂気にも似た執着と地続きなのです。

孫への思いが狂気じみてしまう理由

ここで少し、当事者としての視点からこの問題を考えてみます。長男を産んだときは帝王切開だったため、産後まる一日経って初めてわが子と対面しました。そのときの何とも言えない、衝動めいた感覚をおぼえています。長男の顔が、あのサルに似た赤いしわくちゃの顔が、ぴかーっと輝いて見えたのです。

世界ではいろいろなことが起きているし、出産前のあの死ぬほどの苦しみはほんの少し前のことだったにもかかわらず、時間が止まったかのような、あの「現在」しかない感覚が、すべてを忘れさせてくれました。なんてかわいいのだろう、とそれを私は言語化したのです。

まるまる3日間陣痛に苦しんだすえの帝王切開でしたから、たぶん精根尽き果てていたでしょう。ランナーズハイのように、拒食状態の女性のように、極限状態に陥ったときに脳内麻薬が分泌されるとしたら、あの形容しがたい瞬間は、一種の快体験だったのでしょうか。その後それが、しあわせホルモンと呼ばれるオキシトシンの作用だったかと思うこともありましたが、もっと突き動かされるような激しいものだったと思います。

では、孫のときのあの感覚はどう考えればいいのでしょう。出先で娘の出産の報を受けて産院に駆け付けた私は、陣痛や出産にまつわる苦労話をひとしきり聞いてから、新生児室に行きました。そこで、小さなベッドの上で手足を動かしている孫を見たとたん、40年近く前のあのときと同じ感覚に打たれたのです。目の前の存在を産んだのは私ではありません。私が産んだ娘が産んだのです。しかしなんともいえない、あの突き上げるような衝動に近い感覚が再び私を襲ったのでした。

それからの日々は、我ながらどうかしていると思うほど、頭の中を孫が占領した状態が続きました。携帯に保存した画像を見て思わずほほえむ、少しでも時間があれば動画をこっそり眺める、といった具合です。今度いつ会えるかを指折り数えて待ち、会えばもう視線は孫に吸い寄せられて他の情景は目に入らない。その状態は、物狂おしいとしか表現できません。そしてつくづく思ったのです。孫への思いは「狂気」であると。

すべての祖母が私のような狂気を抱くとは限りませんので、当事者としてもうすこしその狂気を距離をとって見つめてみたいと思います。そこには、この節の冒頭に述べた「老いの否認」という問題が横たわっています。**「老いを見つめたくない」という思いは、「すでに老いに捕らえられている」から生まれるのでしょう。**

新聞の字が読みにくくなる、膝が痛みだす、階段を駆け下りることができなくなる……。私たちは、このような「昨日できたことができなくなる」という一種の喪失とともに老いの自覚を迫られます。自覚を迫られるということは、追いかけられているようなものです。老いに追いかけられながらも、若い人と同じ服を着て、まだまだ若いと「否認」する。いくら逃げ切ろうとしても、ひたひたと追いかけてくる老いと否認とのデスマッチにおいて、特効薬は孫なのです。

老いに追い付かれ捕らえられているのに、それを見ないでいられるなんて、それ自体が狂気ではないでしょうか。孫への思いが狂気じみているのは、このような理由からではないかと思うのです。

「私は親孝行な娘」と言い聞かせる

子育て論というテーマにもどりましょう。**老いの否認と孫という未来への執着が一体であるとすれば、そんな母に対して娘たちはどうすればいいのでしょうか。**このような衝動を半ば自覚しているために、娘夫婦に近寄らないように心がける賢い祖母たちもいるでしょう。感情に任せて近づくのではなく、抑制して賢明に距離をとるようにしているのです。

問題は、よき母だったから自分はよき祖母になれるとばかりに「ばあばだよ！」を連発する無自覚極まる祖母です。数からいえばこちらのほうが多数ではないでしょうか。娘たちは妊娠・出産後、母親（祖母）に用心しなければなりません。

「おばあちゃん」ではなく「ばあば」と呼ばせる背景をじゅうぶん理解し、昔話に登場する、すべてをよしよしと許容してくれるような祖母はいないと覚悟しておきましょう。そして、娘たちは母親から感謝されてもいいのだと思いましょう。健康に育ち、はげしく反抗することもなく、この少子非婚化の時代に結婚して子どもまで産んだことに対して、母は娘に感謝すべきなのです。

だから、母に対して「いいとこどり」を心がけましょう。利用するときはちゃっかり利用し、必要ないときは疎遠にする。それくらいでちょうどいいのです。実母に気を遣って、「いつも世話になっているからもっと何かしてあげなければ」と考える必要はありません。「勝手だ」と怒られるくらいでバランスが取れているのです。

繰り返しますが、**無事に成長し、母の期待をある程度実現した時点で、もうおつりがくるほどの娘なのです。孫まで産んだ娘ほど「親孝行」な存在はありません。**だからあとは、このうえなくエネルギー値が高く、老いを否認し、孫への執着を全身から発散させているあの母親を、自分（娘）の人生にプラスになるように上手に「利用」していくことが大切なのです。それは決して、わがままでも身勝手でもありません。

第3章

親が子どもに与えられるもの

子どもを生き生きさせるために

「スマホに子守りをさせないで」

最初にその光景を見たのは2年前くらいだったでしょうか、たしか昼下がりのJRの車内だったと思います。通勤時間帯ではないので車内はかなり空いていましたが、車両の端にある優先席に、子どもをベビーカーに乗せて母親が座っています。ベビーカーを片手で前後に動かしながら、母親の視線はスマホに集中しています。靴を履いているところを見ると、子どもはたぶん1歳半くらいでしょう。それにしてもあまりに子どもが静かなのでよく見たら、小型タブレットがベビーカーの手すりにくくり付けてあり、子どもは指で操作しながら画面に夢中になっていたのです。

このような光景は今では珍しくないでしょう。3歳を過ぎて言葉が多くなると、今度はタブレットで子どもといっしょにYouTubeを見ながら踊ったり歌ったりするママも多いといいます。もちろん、忙しいときは、アニメやYouTubeを見せておくこともできます。このように、スマホやタブレットが生活に深く入り込む時代になっています。

それをスマホ育児と呼ぶ人もいますが、事の是非を問う以前に、すでに現実が恐ろしい速度で変わっているということを認めざるを得ないのではないでしょうか。

遠い昔になりますが、私が高校生のころ、１９６０年代初頭には、「テレビに子守りをさせないで」というキャンペーンが新聞や週刊誌をとおして広く浸透したことを思い出します。それから約半世紀が過ぎ、２０１３年には日本小児科医会が「スマホに子守りをさせないで！」というポスターやリーフレットをつくりました（https://www.jpa-web.org/dcms_media/other/smh_leaflet.pdf）。

子どもをあやすのにスマホを使うと親子の目と目の交流が妨げられる、親の関心がスマホにいくと子どもへの関心が薄れる、親子の直接交流が少なくなるといった影響に加えて、子どもの視力への悪影響も指摘されています。さらに「メディア漬け」といった言葉を用いて、2歳まではテレビやＤＶＤの視聴を控えたほうがよい、ゲームやスマホ、タブレットなどの電子映像メディア機器を利用する際の家庭でのルールをつくる、といったことが提言されています。

これに対しては反論も多かったようで、ワンオペ育児（母親一人で子育てを担う）において、スマホで子育ての情報を得ることや仲間とのつながりまでも否定されるのか、母親に対して罪悪感を抱かせるのは逆効果ではないかなどといった意見も出されたようです。

スマホ育児で「目と目の交流」が本当に妨げられるのかどうかは、もっと検証されなければならないでしょう。ただ、これをアイ・コンタクトと呼べば、スマホ育児の問題とは別にとても重要なポイントです。これについてはあとで触れたいと思います。

「スマホ育児」という言葉の賞味期限

テレビがそれほど一般的でなかった時代には、あの強烈な刺激とチャンネルの多さ、画面から流される情報の受け止め方をめぐって危惧を抱いた人は多かったようです。テレビは国民の「一億総白痴化」を促すという、評論家・大宅壮一の言葉は有名です。現在ではむしろ若者のテレビ離れが指摘されるようになったことを思うと、隔世の感があります。

スマホ育児をめぐる議論を見ていると、半世紀前のテレビをめぐる議論とほとんど変わらないようにも思えるのです。技術の進歩・革新が起きるとき、このような議論は必ず生じるのではないでしょうか。多くの専門家やオピニオンリーダーが警鐘を鳴らしても、生活が便利に、そして快適になる変化は誰にも止めようがないのです。いくら自然派を気取ろうと、いまさら水洗トイレから汲み取り式に後戻りはできないでしょう。水道の蛇口から水が出る生活から、井戸水を汲み上げる生活に戻ることなど不可能なように。

若い人たちの中には、テレビどころかPCすら持たず、スマホで代用している人が増えているといいます。50年の歳月を経てテレビ離れが始まっていることを考えると、インターネットやAIが、10年後にはどれほど生活を変えているでしょう。

「スマホなんて必要ない」「むずかしそう」と拒否していた前期高齢者である友人たちも、ここ1～2年でほぼ全員ガラケーを卒業しました。これからは、高齢者ほどインターネットを駆使できなければならないと思います。足腰が弱った高齢者も、ネット環境の進歩によって社会参加はずっと容易になるからです。

そのように考えていくと、**スマホ育児という言葉そのものがいずれ消滅するのではないかと思います**。排気ガスをまき散らすと考えられたモータリゼーションも、今では鉄道よりはるかに小回りの利く交通手段として、宅配をはじめとする物流の中心機能を担うようになっています。同じくスマホだって、人間が考え出したものである以上、それを使いこなすように人間自身が変化していくに違いないからです。

並行して、そのリスクを低減するような科学技術が駆使されるようになるでしょう。その先駆者がひょっとして現在の赤ちゃんたちなのかもしれないのです。何しろ、生まれたときから、泣き止まないときはスマホで胎内音を聞かされ、タッチするたびに変わる画面に笑い興じて育っていくのですから。

ゲーム依存・ネット依存という深刻な問題

それはあまりに楽観的過ぎるんじゃないの、という批判もあるでしょう。多くの人の危惧するもののひとつがゲーム依存・ネット依存の問題ではないでしょうか。１９７０年代からアルコール依存症の臨床にかかわってきた立場から、ここで少しゲーム依存・ネット依存について説明してみましょう。

２００９年に『ネトゲ廃人』（芦崎治、リーダーズノート）という本が出て話題になり、にわかにゲーム依存・ネット依存が注目されるようになりました。あれから10年経ちましたが、事態はますます深刻化しているといっていいでしょう。世界保健機関（ＷＨＯ）が２０１８年６月に公表した最新版の国際疾病分類（ＩＣＤ－11）にゲーム障害（Gaming Disorder）を新たに盛り込む予定だと発表したときには、アメリカや日本のゲーム関係者から反論も出されて話題になりました。

日本では厚生労働省が実態調査を進めていますが、結果はまだまとまっておらず、日本にどれほどのゲーム依存・ネット依存者が存在するのかはわかっていません。しかし、カウンセリングの現場では、すでに10年以上前から「息子が不登校・ひきこもりで、それと並行して、ゲームばかりしていて昼夜逆転している」といった家族（主として母親）からの相談は多かったのです。

またスクールカウンセラーによれば、学校現場においても深刻な問題になっているとのことです。小学校高学年以降の子ども、それも男児が圧倒的に多いのが特徴で、彼らの多くは親との約束（一日〇時間以内）を守らず、それを指摘するとキレて、ついには口喧嘩となり、親子関係がどんどん悪くなってしまうといいます。このように、**ゲーム依存・ネット依存が問題となる年齢は、「若者」からさらに低年齢化しているという事実に注目しなければならないでしょう。**

ゲーム依存・ネット依存の先進国ともいうべき韓国には、24時間営業のネットカフェがあり、多くの若者であふれています。文在寅《ムンジェイン》大統領が選挙戦の際に、そのような業者への規制を公約に掲げたことはよく知られています。中には飲まず食わずでゲームを86時間続け、エコノミークラス症候群で死亡した例をはじめ、日本でのパチンコのケースと同様に、両親がゲームに夢中になり、子どもが車内で亡くなった例もあります。

アルコール依存症によって肝臓や膵臓が深刻な影響を受けるように、ゲーム依存・ネット依存もじつは健康問題であるということを知っていただきたいと思います。何時間も座りっぱなしで、ほとんど姿勢を変えないことから、10代の若者が痔を患ったり、運動不足による骨密度の極端な低下をみたりします。中には真夏に畳の上に座ってゲームを続けていて、熱中症で倒れた若者もいます。救急車で運ばれたあとに、彼の座っていた畳を調べると、汗で腐っていたといいます。

ゲームやネットより面白いこと

こう述べてくると、スマホ育児に始まる流れが、一歩間違うとこのようなゲーム依存・ネット依存につながってしまうのではと危惧されるかもしれません。

ここでアルコール依存症の発症率をみてみましょう。日本では増えたと言われながらも、成人の5%を切ると言われます。つまりお酒を毎日飲んでいても、全員がアルコール依存症になるわけではありません。ＩＲ（統合型リゾート）実施法で話題のギャンブル依存症にしても、パチンコ店に入る人が全員依存症になるというわけではありません。

そう考えると、**当たり前に生活に入り込んでいるスマホの場合も、必ずしもそれに生活が支配されるとは言えないでしょう。**スマホをどのように使いこなしていくかが最大のポイントになります。

アルコールに関して言えば、一般庶民が毎日お酒を飲めるような環境になったのは、1960年代に入って冷蔵庫が普及したこと、生活レベルが上がったことが要因として挙げられます。それまでは冷たいビールはぜいたく品であり、日本酒にしてもチビチビ飲むのが関の山だったのです。今ではコンビニでもお酒が購入でき、成人であればだれでもお酒を飲める環境になりました。そうなると「お酒との上手な付き合い方」が必要となります。

電車で隣り合った人のスマホ画面が目に入ることがよくありますが、最近はほぼ半数の人がゲームをしています。しかしその人たちが全員ゲーム依存・ネット依存というわけではないでしょう。つまり「上手に付き合っている」かどうかが重要になります。

ゲーム依存・ネット依存の専門治療機関は日本ではまだ少ないのが現状です。その代表的な存在が「独立行政法人国立病院機構　久里浜医療センター」です。そこにはインターネット依存症治療部門があり、さまざまな試みがされています。詳細は省きますが、若者のネット依存治療として特徴的なものがキャンプ（合宿）活動です。

これは、韓国でゲーム依存・ネット依存の若者を対象に実施され効果が認められたもので、日本でも行われるようになりました。約10日間、ネットとは無縁の環境で、食事をつくったり、運動や登山をしたりしながら身体を動かし、それに加えて朝晩のミーティングや認知行動療法受講などが組み込まれた生活を送ります。

実際に参加した若者は、終了後、顔の表情がくっきりとし、発声も明瞭になるといった大きな変化を遂げます。「絶対無理、ネットと縁を切った生活なんかできるはずがない」と言っていた彼らが、それよりもはるかに面白いこと（運動で身体を酷使し、自然と格闘する）があることを知り、オーバーに言えば価値観の転換が起きるのです。

しかしもっとも大きな点は、メンター（年上の男性ボランティア、中にはゲーム依存・ネット依存から回復した男性もいる）との、得難い人間関係が築かれることです。韓国でも、日本でも、キャンプ終了時にはメンターとの別れを惜しむ姿が見られます。**生まれて初めて、年上の男性と心を割って話すことができ、頼ったり、支えてもらったりしたことが、彼らにとってはかけがえのない経験となるのです**。

もちろんキャンプの10日間の経験が、その後の生活に持続的に良い影響をもたらすためのフォローアップは不可欠ですが、中には将来メンターとなって自分も同じようにゲーム依存・ネット依存に苦しむ人たちの支援をしたいという目標を抱く若者もいます。

「生きている」感覚がほしい

少々くわしく述べてきましたが、ここから多くのことを学ぶことができます。アルコール依存症からの回復が自助グループに参加することでもたらされるという経験的事実と、ゲーム依存・ネット依存の治療としておこなわれるキャンプ活動でのメンターとのつながりはどこか重なっているような気がします。

依存症（アディクション）**を、意志が弱い、人間としてだらしがないというふうに否定的にとらえる見方は、本人の回復にとってむしろマイナスになります**。多くの依存症者は、どうしようもない苦痛や苦悩、ときには身体的痛みを抱えながら生きていくために、酒を飲み、薬を使用し、ゲーム・ネットに没入する、つまり「生き延びるために」依存症になるのだ、と考えられています。

若者の場合は、家族関係、学校生活におけるさまざまな問題が生じた場合、その苦痛や葛藤の解決を、もっとも確実で手軽なゲーム・ネットの世界に求めるのだと考えられます。

親から将来について強い期待がある、父から母へのＤＶが繰り返される、学校でいじめられる、先生から理解されない、兄弟で比較される、成績が急落する……といった現実の困難が生じたとき、いっぽうでゲーム・ネットの世界ではまったく異なる世界が展開し、そこでは認められたり、仲間ができたりするのです。

その刺激に満ちた世界は強い快感をもたらし、現実の家族や学校よりもはるかに「生きている」感覚を与えてくれるのでしょう。

キャンプ活動で経験するのは、「話を聞いてもらう」というきわめてシンプルな人間関係であり、困ったときに助けられる、助けを求められるという人間関係です。**怖いときには怖いと言えること、それが否定されないこと、何より自分の感情や自分の身体感覚に気づくことが可能になるのです。**

裏返せば、彼らの生活にはそのような経験がまったくなかったといえます。親から期待されるのは、学校や塾での成績や偏差値の上昇だけであり、家族間の温かい交流など皆無の生活だったのではないでしょうか。学校に行けば、いじめのターゲットにならないように最大限の心配りをせねばならず、友人とのつきあいも食うか食われるかの緊張感に満ちていたのでしょう。そのような過酷な人間関係＝現実において、唯一の救いがゲーム・ネットだったのかもしれません。

ほんとうの問題はスマホ育児にあるのではない

　ここでスマホ育児の問題にもどることにしましょう。幼少時からスマホに触れる、ゲームに興じることで、ゲーム・ネット依存のリスクが高まるという見方が一面的であることがおわかりいただけたでしょうか。

　あらゆるメンタル・心理的問題は単一の原因で発生することはありません。多くのゲーム・ネット依存の若者から見えてくるものは、彼らをとりまく家族関係、学校での人間関係、さらには教育システムの過酷さではないでしょうか。その中で、唯一確実に彼らを救済してくれるのがゲーム・ネットの世界なのです。とすれば必要なことは、ゲーム・ネットの世界よりもはるかに楽しく、はるかに豊かな人間関係を用意することでしょう。これまで繰り返し述べてきたいくつかの提言と、それはつながってきます。

　ゲームソフトはありとあらゆる工夫をして関心をひくように制作されていますが、プログラミングされた世界は現実の人間関係に比べれば「確実」で予測可能です。いっぽう、生身の人間関係は賭けなのです。そのギャンブル性は、生きた人間は「他者」であることから生まれます。現実の人間関係ほどギャンブル性の高いものはないのかもしれません。

相手がどう出るか、どんな反応をするかは予測可能ではありますが、１００％ではありません。この不確実性、不透明性こそが「他者」性であり、じつはそれにまさる楽しみはないのです。

キャンプ活動でのメンターとの関係から、「他者」とまじわることの楽しさや満足感を味わった若者たちは、それはゲーム・ネットの世界では決して味わうことのできないものであることを知るのです。

「アイ・コンタクト」は子育ての基本

最後に、１７２ページで述べたアイ・コンタクト（目を合わせること）について説明しましょう。

子育てとは正反対に見える介護の世界で、その驚異的な効果が注目されたのがフランスで誕生した「ユマニチュード」です。日本では２０１４年に紹介され、認知症の人たちが生き生きと話し歩き出す姿がテレビでも取り上げられ、介護の世界を超えて話題になりました。詳細は『ユマニチュード入門』（本田美和子／イヴ・ジネスト／ロゼット・マレスコッティ、医学書院、２０１４）を読んでいただくとして、大きなポイントは「視線をつかまえる」

点にあります。

介護者は、通常それほど介護する相手の目を見ることはありません。しかしこの方法では、ゆっくりと耳元で相手の名前を呼び、その視線をつかまえるようにします。これはアイ・コンタクトより積極的で、泳がせている視線の先に顔を寄せて、文字通り「つかまえる」のです。この研修会に参加したとき、子育てと同じだと思いました。**子どもの名前を呼び、視線を合わせる。このことが、人間として扱われる基本なのです**。認知症とされて半分寝たきりの人たちが、名前を呼ばれ、視線を合わせて間近で見つめられると、生き生きと表情をよみがえらせるのですから。

親と楽しく食卓を囲んでごはんを食べる、両親が話し合う姿や仲良くしている姿を見る、親が自分の目を見て話してくれる、忙しくてもちゃんと遠くから目を見つめてくれる。これらがどれほど子どもたちにとって大切なことでしょうか。そのような現実が、時間は短くても一日の生活の中に保たれていれば、スマホ育児をいたずらに怖れることはない、そう思います。

「男の子らしさ」「女の子らしさ」の押しつけ

まったく進歩していないもの

平成が終わり、令和の時代になっても、私が子育てに忙殺されていたころからまったく変わらない、まったく進歩していないものがあります。それは子育ての際に何気なく語られる「男の子だから」「女の子だから」という言葉です。

自分の経験を振り返ってみても、ママ友（当時はなかった言葉です）とのつながりは、子どもに関するちょっとした困りごとをグチったり相談したりすることでしたから、保育園の帰りなどによくおしゃべりしたものです。そんなとき、ママ友から決まって返ってくるのが次のような言葉でした。

「だって男の子でしょう？　そんなもんよ」

「うちなんか２人とも女の子だから、男の子のことはよくわからないし」

「やっぱり女の子よねー、男の子とは全然違うわー」

「男の子ってやっぱりママが好きでしょ、うらやましい。その点うちなんか女の子だからなんだか寂しくって」


そのたび、私は曖昧な笑みを浮かべるしかありませんでした。むきになって反論すれば関係が悪くなるし、世間がそのような見方をするだろうということくらいわかっていたからです。

「男の子」「女の子」に分けることの効果

子育てに関して自分に課していたことがいくつかありますが、そのうちのひとつが「男らしさ」「女らしさ」の型にはめないということでした。「男の子は泣いちゃいけない」などとは絶対に言いませんでしたし、「女の子らしくしなさい」は禁句でした。

私自身は幸いにも親から「女らしさ」を強制されたり「女だから」と言われたりした記憶はありませんが、学校や社会において理不尽さを感じさせられたことや、女性として生まれたから背負わなければならなかったことがあまりにも多かったのです。だから**生まれてくる子どもには性別による区別・差別は絶対にしない、社会が変わらないならせめて親だけはそうしよう**と思ったのです。

そして、息子には「やさしさ」を、娘には「強さ」をと期待して子育てしたつもりですが、本人たちにとっては果たしてどうだったのか、40歳を過ぎた長男と4歳年下の長女には、怖くて尋ねたことはありません。意外と「そんなこと覚えてないよ」とさらりと答えるのかもしれませんが……。こんな私でしたので、子育て中に周囲で飛び交う「男の子だから」「女の子だから」はけっこう癇《かん》に障るものでした。

しかし鮮明に覚えているのは、そう決めつけている母親たちのなんともいえないすっきりとした表情でした。彼女たちは、**混沌とした子育て、毎日のように生じる不安を、「男の子」「女の子」という単純な二分法によって腑分けし、理由づけできたという勝利感に満たされ、世界が明晰になったという安心感で満たされている**かのようでした。

そんな育児期もはるか時の彼方に去り、約半世紀が過ぎた今、あのような決めつけは減ったに違いない、それが進歩というものだと信じていました。**男らしさや女らしさを強調することは性差別につながるし、いわゆるジェンダー規範の押しつけになることくらい、多くの人が理解しているはずでしょう。**たとえそれが表向きで、建前だけだったとしても、です。

私たちの世代がよく用いた言葉のひとつが「歴史の進歩」です。自民党政権が長期にわたり続いていますが、いっぽうで21世紀には男女共同参画社会という標語や理念が生まれました。児童虐待防止法（２０００年）やＤＶ防止法（２００1年）が制定され、政策もそれなりに充実しつつあります。多くの人々の努力や運動による成果であることはもちろんですが、それは間違いなく歴史の進歩だと思います。それから20年近く経った今、いくらなんでも「男の子だから」「女の子だから」という理由づけを親が受け入れるはずがない、そう信じていました。

しかし、それは甘かったと思い知らされたのです。

育児雑誌の人気特集は……

仕事の関連で雑誌の取材を受けることが多いのですが、先日もある育児雑誌でコメントを依頼されました。取材に訪れた若いライターの女性が「これまでこんな特集をしてきたんです」と持ってきた一冊の表紙を見て驚きました。「男の子の子育て、女の子の子育て」という特集が組まれていたのです。「え〜っ?!」とのけぞった私を見て、ライターの女性は誇らしげに言いました。「このテーマ、周期的に特集するんですけど、けっこう人気なんですよね」

その特集を精読してわかったことがあります。タイトルから予想されるのと違って、「男の子には〇〇すべき」「女の子には〇〇すべき」といった子育てを推奨しているわけではありません。先に性別があり、それに沿った規範（正しい子育て）があって、子どもへの対応や方法を導き出すという順序をとってはいなかったのです。これを演繹的論法といいますが、むしろ書き方はその逆の論法を取っていました。

母親たちが抱く日々の子どもの行動に関する疑問や迷いを細かくすくいとったうえで、やさしく言い聞かせるように、少しだけ専門的な意見も交えてていねいに解説しているのでした。「男の子ってこうなんですよ、〇〇しがちなんですよね、だから心配ありません、それはよくあることですから」「女の子って〇〇しがちなんですよね、だからそういう行動が多くなるんですね」

さまざまな現象や具体的事例を羅列しながら、それを整理するための有効なカテゴリーとして「男の子」「女の子」を用いているのです。最初にカテゴリーありきではなく、最後にまとめる際にそれを用いるという順番をとっています。少し強引かもしれませんが、これは演繹ではなく、帰納的論法といえるでしょう。あるべき「らしさ」を先に提示しているわけではなく、結果としてそのような考えが導き出されるという論法をとっているのです。

「らしさ」の巧妙な押しつけ

このような論法は、雑誌を編集・出版する側にとって大きなメリットがあるでしょう。もし私のような考えの母親が特集を目にしたら、たぶんその雑誌を買うことはないでしょうが、万が一、雑誌を買った親から「いまやダイバーシティといって性的多様性の時代なんですよ、そんな中で男の子・女の子って特集を組むってどうなんですか?」的なクレームをつけられたらどうでしょう。

どんな記事を組むか、どんな特集の内容かによって、最近では雑誌が休刊に追い込まれる事態も生まれています。おそらく雑誌の編集者はこう答えるはずです。「当社は男らしさ、女らしさを強調しているわけではありません。まして性別役割分業、固定したジェンダー観を前提としてはおりません」と。そんなエクスキューズは十分に用意されているはずです。そこに登場するのが帰納的論法です。

「わが社は『こうすべき』という型にはめるのではなく、子どもの個性を伸ばすことを主眼としています」

「『男の子・女の子』という二分法を前提とするわけではなく、むしろ子どもの自発的行動を親が受け止めるときに役に立つ枠組みを提供しているだけなのです」

「多くの研究者の先生たちの見解を参考にしながら、発達的観点も含めて『男の子・女の子』という視点を活かし、世の子育てをする親御さんの立場に立った内容を心がけています」

これはあくまで私の想像に基づく回答ですが、帰納的論法が巧妙に利用されていることがおわかりでしょう。最初からジェンダー的な視点「男の子は○○だ」「女の子は△△だ」を打ち出さずに、**親の不安を受け止め、迷いを払拭するという目的で、結果的には「男の子・女の子」の二分法を植えつけていく**のです。

「女の子のほうが言葉は早い」「男の子はいつまでたっても幼い」「男の子は乱暴だ」「女の子は世話好きだ」こう書き出すとキリがありませんが、その雑誌に登場するママたちの「男の子らしさ・女の子らしさ」をめぐる言葉はどこかで聞いたようなセリフばかりでした。半世紀前に私が経験したことが、今も雑誌という場を借りて続いていたのです。あのときの母親たちの安堵する表情も、たぶん脈々と続いているのでしょう。

スマートで明るいママたちの写真でいっぱいの育児雑誌の特集は、帰納的論法を巧みに利用して「男の子」「女の子」の区別を強化していたのです。

ママの不安を解消する「カテゴリー分け」

半世紀を経ているのに変わっていない理由はなんでしょう。たぶん、「男の子・女の子」というカテゴリー分けが母親の育児不安の解消のために最強だからです。生まれてくる子どもの性別を親が選ぶことはできません。選択可能だというのは俗説に過ぎないでしょう。おまけに性別は2つしかありません。「二択」ということが明快さに輪をかけます。「発達の問題がある」と思うより、「男の子だから」と考えたほうがあきらめがつくはずです。「言葉が遅いのも男の子だから」そう自分に言い聞かせることで母親はホッとします。幼稚園・保育園でおもちゃを独占したがるのは、「女の子だからですよ、わがままですからね、女の子は」と言われればほっとするのです。

性格だとすれば誰に似たかと不安になりますし、集団でのお友達との関係に問題があるとすればいったい子育ての何に問題があったのかと不安になります。まして発達障害ととらえれば、「障害」の二文字が衝撃を与えます。

親が責任を問われることなく、運命に委ねるしかないあきらめやお任せの機会を与えて

くれるのが「男の子だから」「女の子だから」というカテゴリー分けなのです。こう考えると、ダイバーシティが望ましいものとして受け入れられつつある動きのいっぽうで、ママたちが、寄ると触ると「男の子だからかしら」「お宅なんか女の子だからいいわよね」などと話しているのも納得できる気がします。

「育児責任」に押しつぶされるママたち

子どもの虐待に関する研究が進み、悲惨な虐待死を防ぐための政策が強化されつつありますが、そのいっぽうで、虐待する親たちはその親から虐待を受けていたという「**虐待の世代間連鎖説**」も多くの人たちに浸透しています。虐待の影響の深さが強調されることで、半世紀前よりもはるかに強く「親の育児責任」が問われるようになってきました。また親のＤＶの目撃（面前ＤＶ）の深刻な影響も明らかになり、親（中でも母親）は子育てしながら「思わず子どもを叩いてしまった、これって虐待じゃないかしら」「ああ、昨日の夫婦喧嘩が子どものトラウマになってるんじゃないかしら」といった不安にさいなまれるようになってきたのです。それは私が子育てをしていた時期の比ではないでしょう。

虐待に関する研究が進み、子どものトラウマへの関心が高まったことを歴史の進歩とすれば、虐待をしてはいけないという母親たちの意識が高まり、結果的に育児不安を強くすることになったのは、その副作用といえるでしょう。どのような進歩にも副作用があると考えるなら、虐待防止対策の充実の裏側には、よき母（父）になろうとする親たちの育児不安の増大が潜んでいるということになるのです。

気軽に雑談するママたちの会話に頻繁に登場する「男の子だから」「女の子だから」という言葉は、「あまりの変わらなさ」ではなく、「そうよ、だから仕方がないのよ」「やっぱりね」といった安堵する答えをそこにしか見つけられないママたちの追いつめられた姿を表しているのではないでしょうか。**彼女たちが心底、性別によるカテゴリー分けに意味があると信じているわけではなく、それしかない、それにすがる以外はすべて自分に帰せられてしまう、と考えている**。その仕組みや構造こそ残酷ではないかと思うのです。

家庭での「性別役割分業」の刷り込み

保育園の数は不足しており、ベビーシッターを頼む経済力もない。実家の母の協力を望むけれど、母との関係がうまくいっていない。世間ではイクメンと持ち上げられる夫の協力も実際は不足している。こんな状況で育児責任を一人で背負わなければならないママたちの大変さは、筆舌に尽くしがたいものがあります。大学を出て仕事をバリバリしていても、子どもを産んだとたんに直面するそのような現実は、性別役割分業（男はやっぱり仕事、女は結婚と出産）そのものではないでしょうか。

半世紀前に比べれば、仕事をしながら子育てをするママたちが増え、保育園から子どもを連れて帰るパパたちの姿が珍しくなくなったことは事実です。働くママたちを支援する制度も50年前とは比較にならないほど充実しつつあります。しかし、職場での女性の待遇や管理職や議員の数など、男女平等実現度を表す指数は、日本は世界で１００位以下というありさまです。明らかに女性が割を食っている（差別されている）という現実を、忘れたくはありません。

そして、そういった現実の中で追いつめられたママたちが育児不安を解消するためにギリギリですがる**「男の子・女の子」というカテゴリー分けは、容易に子どもへの性別役割分業の刷り込みに結び付いてしまう**のではないかと思うのです。親の考えや言葉が子どもに影響して、「男の子は強くて弱音を吐かない」「女の子はやさしくて面倒見がいい」といった固定的なジェンダー観を植えつけることにもつながりかねません。

極端になると、「**女なんか損なだけ**」「**男なら○○しなさい**」「**男のくせに**」「**女のくせに**」といった言葉が日常飛び交ったりします。これは配偶者に対しても、そこに居る子どもに対しても、否定と差別をまき散らすことになります。

これらは、性別をめぐる価値観の再生産ではないでしょうか。それは女性に対する性差別にもつながるでしょう。育児不安を一時的に解消してくれるカテゴリー分けによって、ママの苦しい子育ての背景となっている性別役割分業、固定したジェンダー観、性差別などが、皮肉にも家族の中で再生産されることになるのです。これも世代間連鎖のひとつといえるでしょう。

この点については、ママだけでなくパパにも知ってもらいたいと思います。こうした世代間連鎖が、子どもたちが成長していく過程での異性とのかかわりや、将来形成する家族に大きく影響するからです。とりわけ思春期以降の性行動の基礎を形成することになります。

社会的正義について敏感な男性が、女性に対しては上から目線だったり、有能なビジネスウーマンである女性が男性との関係にまったく自信がもてないということは珍しくありません。幼いころから刷り込まれたジェンダー観（男らしさ・女らしさ）の影響を、そこに見ることができます。

世代間連鎖の防止に必要なこと

誤解されがちですが、**世代間連鎖は運命的ではなく、十分防ぐことができるもの**なのです。そのためには何が必要かを考えてみましょう。虐待の世代間連鎖に関する多くの研究が参考になりますが、そこでは連鎖防止のために必要なこととして、次の3点が挙げられています。

①子ども時代に親以外のケアとサポートの提供者がいること
②成人後の情緒的サポートをしてくれるパートナーの存在
③援助者の助けによって自らの親子関係を振り返り、そこで形成された考えや行動の習慣を修正すること

②はパパがママを支え、情緒的なケアをすることの重要性を述べています。このような、**妻を夫が**（**逆ではありません**）**ケアする夫婦関係を築くことがどれほど大切なことでしょう**。ママが困っているときちゃんとそれを受け止めようとするパパ、パパの言葉をできるだけ聞くようにしているママ、助け合ったり、感謝し合う2人。それらの姿から子どもは男らしさ・女らしさという固定されたジェンダーにとらわれない、人間と人間との関係

を汲み取っていくのだと思います。

子育てに関して迷ったり困ったりするとき、配偶者が自分の支え手であり、味方になってくれるという安心感にまさるものはありません。虐待の世代間連鎖の防止に必要とされる3点のうちの②は、自分がどのような子ども時代を送ろうと、つまり①が欠如していても、パートナーとの夫婦関係によって十分それはカバーされることを表しています。カウンセリングの経験からも、子どもに問題が起きたとき、母親だけに責任を負わせることはかえって解決を遠ざけてしまうことを痛感しています。

社会的規範や「らしさ」に影響された「男の子」「女の子」という区別ではなく、男(女)の子にとって同性のパパ(ママ)がママ(パパ)と具体的にどのような関係をつくっているか、どのようにかかわっているかが、子どもにとってもっとも身近なモデルとなり、その後の人生の土台をつくることになるのです。

誕生日プレゼントを子どもに選ばせる？

「誕生日会」というセレモニー

子どもの誕生日を祝うという習慣は、いつから始まったのでしょう。近年では、お祝い会を開く、ケーキを買ってきて食べる、手間暇かけてケーキを焼く……その日は家族がそろって「誕生日おめでとう！」と言い、歳の数だけろうそくを立てて、いっせいにそれを吹き消す……、といったことが一般的になってきているようです。

「歳を重ねることはおめでたいこと」というシンプルな生命観がそこにはあります。誕生してから今日までを振り返り、よくぞこの1年も成長してくれたという感慨とともに、その光景は、家族のセレモニーのひとつとなっています。

しかし、これが正しい誕生日会という基準があるわけではありません。ちょっと奮発したレストランで食事をする家族や、その日だけは外食してラーメンを食べるという家族もあるようです。また誕生日会はせずに、子どもにプレゼントだけ贈るという人も多いのではないでしょうか。

カウンセリングで出会う人からは、生まれてこのかた誕生日会の経験がないという話も聞きます。「フェイスブック上で、初めて自分の誕生日を祝ってもらった。これほど世界中の人が誕生日を祝っているということに驚いた」と語った人もいます。

クリスマスにまつわるフィクションとネタバレ

あまりはっきりと覚えてはいませんが、昭和20年代後半に小学生だった私は誕生日プレゼントをもらった記憶はありません。当時はクリスマスが唯一のプレゼントをもらう機会だったと思います。ジングルベルのメロディー、絵本で見る赤い洋服と白いひげのサンタクロースがクリスマスのイメージをつくっていました。

遠い北の国からトナカイのそりに乗ってやってくるサンタクロースは、プレゼントの入った白い袋をかついで、12月24日、イブの夜遅く煙突から入ってくるのだと堅く信じていました。小学校に入ったばかりの私は、我が家の唯一の煙突があまりに細いためにサンタクロースが入れないのではないかと心配をしていたほどです。しかし、枕元に靴下を置いて眠ると、ちゃんと翌朝にはその中にプレゼントが入っていました。どうやって煙突に入ったのかはわかりませんが、さすがサンタクロースだと感心したものです。

何をもらったかもすっかり忘れてしまいましたが、イブの夜のあのドキドキした感覚だけははっきりと思い出すことができます。ひとめサンタクロースに会いたいと思い、必死で起きていようとしたのにいつの間にか眠ってしまったこと。朝、目が覚めた瞬間、プレゼントが届いていなかったらどうしようと、なかなか枕元の靴下を確かめられなかったこと。すべては、サンタクロースの存在を信じていたからですし、両親がクリスマスプレゼントとサンタクロースにまつわる物語、フィクションを支えてくれていたからだと思います。

2人の子どもを育てる過程で、子どもが小学生のころは12月に入ると早々に、それとなくサンタさんにどんなプレゼントを運んでほしいかをリサーチしたものです。事前にその品をこっそり買っておき、イブの夜に枕元に置くようにしていました。

娘が小学校4年生のときに欲しがったものは、「テクマクマヤコン」という呪文をとなえて誰かに変身する魔法のコンパクトでした。ところがどこのお店を探しても見当たりません。仕事帰りにデパートを探しても売り切れ続出だったのです。途方にくれて、イブ前日の23日に、都心からかなり離れたデパートのおもちゃ売り場でやっと見つけたときには、思わず涙ぐんでしまったものです。

そうまでしてサンタクロースへの信頼を維持する必要があったのかとも思いますが、25日の朝にプレゼントを発見して、無心に喜ぶ娘の姿を見ると、苦労した甲斐があったとしみじみ思うのでした。「ねえ、どうしてサンタさんは私が欲しいものがわかるのかなあ」と真剣に聞かれたときは、「ほんとだね、不思議だねえ」と答えながら、いつかはこのフィクションが終わるときが来る、だからこそギリギリまでそれを守ろうと思ったのです。

親どうしの会話のネタとして、子どもが何歳までサンタクロースを信じていたかが話題になることもあります。小学校に入ると、「本当はね、サンタさんなんていないの」と伝える親もいるようですが、あのワクワクしている子どもの目を見ると、「サンタさん来るかなあ」というドキドキ感を失う時期は遅ければ遅いほどいいのではないかと思います。どうせいつかは醒めるものなら、ファンタジーを信じている期間は長いほうがいいでしょう。

ネタバレという言葉があります。映画や小説といったフィクションの結末が知らされることを防ぐために用いられますが、ときにはばらすのを正当化するためのエクスキューズとして使われることもあります。「サンタクロースなんかいない」と言うのは、まさに子どもにとってのネタバレなのです。それは、信じるがゆえに生じるドキドキ感やうっとりする陶酔感に水を掛けてしまうことになります。こうやって失われてしまうものは、じつに大きいと思います。

プレゼントは「受動的」なものである

クリスマスプレゼントの場合、それを贈る主体はサンタクロースですが、そのことは重要な意味を持っています。日頃よき行いをするよき子どもであるからこそ、「○○が欲しい」という願いが聞き届けられるからです。

つまりプレゼントは、**神にも似た超越的他者からの恩寵《おんちょう》を意味するのです**。恩寵とはまさに与えられるものであり、それを選ぶことはできません。願いが届くかどうかわからない、もらえるかどうかもわからないという不確実性と、それを超えて与えられる受動性とは、子どもの意思を超えたできごとなのです。**この受動性こそプレゼントの本質、プレゼントたる所以《ゆえん》ではないでしょうか**。

では誕生日のプレゼントはどうでしょう。昭和の時代と比べて、ものはあふれすぎるくらいです。お金さえあればなんでも、いくらでも買えると子どもが考えるのも無理はありません。いったい親は、どんなものを贈っているのでしょうか。そして、どうやってそれを選んでいるのでしょう。

博報堂こそだて家族研究所と子育て情報サイトのママスタジアムは、『ママリサ〜いまどきママリサーチ〜』(http://mamastar.jp/special/mamarisa/index.do) で「子どもの誕生日プレゼント」について調査を行っています（２０１６年）。それによると、誕生日プレゼントの選び方は、「子どもと一緒に選ぶ」が60％、「子どもには知らせずに選ぶ」が40％でした。

調査対象となった子どもの年齢が小学生以下であることは、思春期にさしかかった年齢に比べるとまだまだ親の言うことに従う可能性が高いことを表しています。にもかかわらず60％が一緒に選んでいることは興味深いものです。ちなみに、ママたちが購入に際して事前に参考にする情報源トップ3は、「子どもに直接聞く」「子どもを観察する」「家族と相談する」となっています。

カウンセリングに来談する女性たち（40代〜50代）約20人に同じ質問をしてみました。これはちゃんとした調査というわけでなく、グループカウンセリングが終わったころに聞いてみたものです。

彼女たちのほとんどが、「誕生日プレゼントは子どもに『何が欲しい？』と尋ね、それ

を買ってあげます」と答えたのです。子どもの年齢が、『ママリサ』の調査より上で中学生以上であることも関係しているかもしれません。とくに40代の母親たちは、驚いた様子の私を見て、「いったい何が問題なんですか？」という表情でむしろびっくりされるのでした。

子どもの希望を聞く親の5つの心理

第1章で「お願いする親」について述べましたが（65ページ）、「誕生日プレゼントは何がいい？」と聞く親は、「お願いする親」とどこか共通していないでしょうか。親たちが子どもの希望を聞く理由を5つ挙げてみましょう。

［理由1］　私はちゃんと子どもの意向を聞いている、一方的に決めたりしない親だとアピールしたい。抑圧的だったり一方的だったりせずに、子どもを対等に扱うのがいい親の条件だからである。

［理由2］　単純に選ぶのが面倒だから。いったい子どもが何を欲しがっているのか、考えるのも面倒だ。本人が欲しいものを買ってやるのがいちばん手っ取り早

い。

［理由3］本人が欲しいというものがもっとも確実であり、見当違いなものを買ってしまうリスクがもっとも低い（リスク回避的判断）。

［理由4］せっかく買ったものが子どもの気に入らなかった場合に、自分が傷ついてしまうし、子どもに嫌われるかもしれない。それが怖いので子どもに選ばせる。

［理由5］親が選ぶことは親の責任になるので、子どもに責められるかもしれない。子どもに選ばせれば「あんたが自分で選んだんでしょ」と子どものせい（責任）にできる。

「自己責任」を負わされる子ども

ひとつずつ、もう少しくわしく説明してみましょう。

理由1は「**子どもを対等に扱っている親**」＝「**いい親**」**という前提**に立っています。「お願いする」ことも同じでしょう。上から目線で命令しないで、対等な位置からお願いするのです。保育園や幼稚園でも、「○○しなさい」という表現は、「○○してください」

に取って代わられました。

保育者や先生がそう言うだけではありません。親も子どもに対して「～してください」と言うのです。路上では「走らないでください」、ファミレスでは「こぼさないでください」と言うママの姿は珍しくありません。パパたちに至っては「騒がないでください」というお願い口調がすっかり定着していて、そのような語法を用いることがよきパパの資格だと考えているかのようです。

「決して子どもに強制していない」こと、つまり抑圧的でないとアピールしているのです。現実には、騒ぐ子どもに「〇〇はやめてください」とお願いしてもらちがあかないと、キレて大声で叫んだりする親の姿があまりに多いのは皮肉なものです。

理由2は、ちょっときつい表現かもしれませんが、単に親の都合で手間暇を惜しみ、**誕生日プレゼントを選ぶことをさぼっている**だけではないかと思います。

理由3も「リスク回避」という言葉を使ってはいますが、さぼっていることには違いありません。**仕事上の発想であるリスク回避、省力化といったものが、子育てにそのまま応用されている懸念もぬぐえません。**ＩＴ技術の進展で生活がどれほど便利になったとしても、親との関係が決定的に重要になる子育てだけは、省力化・効率化できずに残るということを強調したいと思います。

理由4はちょっと複雑です。**自分の選択したものが「子どもの欲しがっていたもの」と一致しないことは、親にしてみれば失敗なのです**。長年の受験勉強で、正解・不正解という二択でものを考える習慣が強い親ほど、このような失敗を恐れがちです。もし自分が選択を「間違えてしまったら」どうなのかを想像し、とうていそれは耐えられない、自分が傷ついてしまうだろうと考えて、子どもに選択をさせるのです。

理由5は、子どもの年齢が上がるとこのような判断をする親が増えます。せっかくもらったプレゼントに子どもが文句をつけるなんて、個人的にはどうなのかと思いますが、思春期以降には起きかねないことです。親が子どもから責められることや親子で責任をなすりつけ合うことが増えてきます。最初から何が欲しいかを聞いて買えば、子どもから文句を言われることはなくなります。**万が一それが気に入らなくても、「だってあなたが選んだんだから、文句は言えないでしょ」と返せる**からです。

このように考えてみると、「あなたが欲しいものをあげます」という一見子どもの意思を尊重しているかに見える提案は、「あなたが選んだんだから文句は言えないよ」という自己責任をセットにしているのです。裏返せば、**子どもに責任を負わせることで、親は「選ぶ」という責任を回避することができるのです**。これは見過ごされがちなからくりではないでしょうか。

「選ばせる」ことで子どもが失うもの

「誕生日には何が欲しい？」と聞くこと、子どもの希望通りのものをプレゼントすることを禁じることはできませんし、そんな権利は私にはありません。しかし、ここまで述べてきたように、プレゼントというものは、自分では選べないこと、包みを開けるまでの不確実性、予測不能性こそが命なのです。まかせて選んでもらうというその受動性こそが、誕生日プレゼントには欠かせないと思うのです。

子どもにプレゼントを選ばせることは主体性の尊重でも自由の尊重でもないことはおわかりいただけたでしょうか。意地悪く見れば、「子どものお小遣いでは買えないものを年に一回、親の経済力で買ってやること」が誕生日プレゼントになっている気がします。そこにはワクワクドキドキも、ときめきも驚きもありません。子どもにとってみれば、普段買ってもらえないものが特別に買ってもらえるだけであれば、お年玉と何が違うのでしょう。

つきつめれば、お金をもらうのと同じではないでしょうか。もちろん、現金を贈ることを推奨するものではありませんが、誕生祝いを金銭で表現するというストレートさに通じるものを感じます。

最近は、子どもひとりに対して両親、双方の祖父母で「6つの財布（6つのポケット）」があるのが当たり前です。親からも「何が欲しい？」と尋ねられ、祖父母からも同じようにされるとしたらどうなるのでしょう。ものが満ちあふれており、子どもの欲望を喚起する機会は過剰になっています。祖父母も孫の希望を聞きたがる場合、両親は、自分たちからのプレゼントと祖父母のそれとをどのように調整するかを考える必要もあるでしょう。

中には、祖父母には値段の張るものを事前に打ち合わせてお願いしている親たちもいるようです。ただ、**孫の健やかな成長に、欲しいものを買って与えるだけの誕生日プレゼントが果たしてよい影響を与えるでしょうか**。祖父母たちは、いちど立ち止まって考える必要があると思います。

プレゼントに子どもへの深い関心をこめる

先ほど述べたサンタクロースの例にあるように、果たして願いが届くのだろうかと思い、プレゼントが贈られるかどうかと考えてハラハラドキドキすることが、プレゼントをもらう喜びを増します。「何が贈られたか」、つまり「もの」が問題なのではなく、望みが届いたこと、よき子どもとして認められること、それが恩寵なのです。**子どもにとって喜びの中心は、「与えられる」という受動性にあり、ものはその結果に過ぎない**のではないでしょうか。

親からのプレゼントも、親から「与えられる」ことが子どもにとって最大の恩寵なのです。与えるものを親が選ぶためには、何が子どもに喜ばれるか、何を子どもが欲しているかについて思いを馳せることが必要となります。日常生活でセンサーを研ぎ澄まし、子どもへの関心を強くしなければ、それを把握することはできません。言い換えれば、**親からプレゼントを贈られることは、親が自分の生活に深い関心を抱いていることの確証・証明なのです**。

このような「受動性」が子どもにもたらす影響を述べましょう。それは、贈られたものがときには期待外れであったとしても、受け入れて感謝するという態度を醸成します。なぜでしょうか。誕生日のプレゼントによって贈られるのは、「もの」そのものではなく、ものを選ぶ背景にある子どもへの深い関心だからです。

子どもは、親が忙しい生活のなか、「あの子はいったい何が欲しいだろうか」と想像し、それを買いに行く時間と労力を使い、当日まで秘密にするという努力を払ってくれたことを一瞬で理解します。そのすべてに対して、感謝するのです。**子どもにとって、ものはそれだけで価値を持つわけではないことを学べる、じつに貴重な機会**ではないでしょうか。

愛情という言葉の内実が関心であるとすれば、誕生日プレゼントを選ぶ親を駆動しているのは、子どもへの深い関心、愛情なのです。親は、プレゼントというものに託すことで、じつは子どもへの関心という「愛情」を贈るのだと思います。

子どもの成長に影響するのは「愛情」よりも「安心感」

2つの虐待死事件とDV

２０１９年１月に千葉県野田市で起きた小４女児の虐待死事件は、大きな話題となりました。２０１８年３月には東京都目黒区で女児が同じく父親からの虐待によって死亡していますが、２つの事件には共通点が多いと思います。ともに加害者が父親だったこと、おそらく母親に対するＤＶもあったこと、さらに虐待の実態を隠すかのように転居していること、転居にともなう関係機関の連携がうまくいっていなかったことなどが挙げられます。

虐待問題にくわしいルポライターの杉山春さんは、ニュースサイト『AERA dot.』

（2019年2月5日更新）で、女児死亡という虐待の2事例の共通点のひとつとして、加害者である父が仕事をとおしたアイデンティティを持てず（不況などの影響もある）、家族が唯一のアイデンティティの根拠になっている、つまり家族への依存が強まっていたことが背景にあったのではとコメントしています。

このように、仕事に希望が持てない男性にとって、唯一の自己確認の場が家族となりつつあるという現状が、DVや虐待増加の背景になっている気がします。

「育児責任はやっぱり母にある」

一般的に、子育てにかかわっているのは圧倒的に母親であり、むしろ一般の人たちは虐待加害者として母親を想定することが多いのではないでしょうか。野田市の事件もその後、意外な展開を見せ、虐待に加担したとして母親が逮捕されました。2月4日にその報道を目にしたとき、驚きと同時に憤りさえも感じさせられました。おまけに早々に母親の実名が公開され、手錠を掛けられて逮捕される映像が全国に流れたのです。

私は15年近くDV被害者のグループカウンセリングを実施しています。もちろん参加者は女性ばかりで、身体的DV被害のない女性が約半数を占めます。

今でも多くの人たちが、ＤＶというと夫からの身体的暴力を連想するように、それ以外のＤＶについてはあまり知られてはいません。経済的な締め付け（余分なお金は渡さず支出をすべて報告させる、自分の収入額を知らせない、など）、妻の行動をすべて知りたがる、一日の行動をすべて報告させるといった拘束、人格否定の言葉、出ていけ（別れる）という脅し、などが挙げられます。

妻たちはなぜそんな理不尽な夫の言うなりになるのか、なぜ逃げないのかと疑問に思われる人もいるでしょう。今回の事件でも、「そのような夫にくっついていたのだから妻の責任じゃないか」と考えられがちです。

ＤＶは「パワーとコントロール」が基本にあるとされています。つまり「権力と支配」です。グループカウンセリングに参加する女性たちは、自分がＤＶを受けていると自覚できるだけの知性を持ち、その状況を変えたいとするモチベーションを持っています。被害者は弱々しいだけではないのです。

いっぽうで、**彼女たちは心から夫を恐れています**。ＤＶ被害の本体は、あの「恐怖心」ではないかと思います。しかし、夫を恐れていると自覚すること自体が一種の屈辱ですから、日常生活では明るく自己主張的にふるまっています。外見からはＤＶ被害は想像できないでしょうし、むしろ「夫を怒らせる生意気な女性」という誤解を生んだりします。

ちょっとしたことで「別れる」「出ていく」「出ていけ」と言われた、突然わけもわからずキレられた、殴られた、壁を蹴られたといったときの恐怖が積み重なり、もう二度と夫を刺激しないでおこう、言うとおりにしておこうと思います。**DVの目的は、このような支配を家族の隅々にまで行き渡らせることなのです**。

こういった「支配の構造」が理解されず、夫の虐待を見過ごした、容認した、加担したとして逮捕された母親のことを思うと複雑な思いです。それに彼女は、亡くなった長女を守り切れなかった、虐待を止められなかった自分を責めていたに違いありません。

母親の逮捕について、私は彼女に虐待容認の責任がないとは思いません。いかなる理由があろうと、親としての責任は問われるべきだと思います。

しかし、すでに述べたように、２００４年に改正された児童虐待防止法では、DVを目撃することが子どもにとって心理的虐待であると明記されました。その後２０１３年から、警察がDVの通報を受けた場合、そこに子どもがいれば「**面前DV**」として児童相談所に通告するようになりました。野田市の事例は、沖縄県在住時にすでに被害児の祖母から、虐待とDVに関して自治体窓口に相談があったといいます。千葉県においても、母親はDVに関して「ないとは言えない」という言い方で述べています。

私が納得できないのは、一切DV被害という視点を捨象し、死亡した女児に対しての面前ＤＶという視点からの介入がなかったことにも触れず、母親を虐待黙認による加担者として逮捕したことです。そこには、**母がどのような被害を受けていようと、子育ての最大の責任は母にある、その母が虐待を見過ごした・協力したということに対する、警察による（社会全体の）制裁を見ることができます。**

母性愛幻想がもたらした「世代間連鎖説」

このような母に対する姿勢は、「お母さんの素晴らしさ・母の愛礼賛」と表裏一体だといえます。「自分のおなかを痛めた子どもは、何をおいてもかわいいはず」という信仰が、あの母親逮捕の映像を生み出している気がするのです。

いったいなぜ子どもにあんな残虐なことができるのか、その理由は何かという疑問に応えるように、１９９０年代から登場したのが「**虐待の世代間連鎖説**」です。それは「虐待する母はその母からの虐待被害者である」というものでした。そこに父親は登場せず、あくまで女性に限局された被害の物語だったのです。

世代間連鎖説は、虐待という「母性愛幻想」を打ち砕く事実に対しての、ひとつの回答でした。いっぽうでそれは、母自身への責任追及を緩和する役割を果たしていたといえます。虐待が世代を超えた女性だけの問題となることは、次のような影響を与えました。**①世代をさかのぼることで母親個人を免責したこと、**そして**②男性（父親）の役割を不可視にしたこと、③まるで運命論のように多くの女性たちを縛り、育児不安を高めることになったこと**です。

本書では③の「呪縛」を解くことを一つの目的としていますが、ここでは②に注目し、男性（父親）における世代間連鎖について述べることにします。2018年の目黒、2019年の野田の2つの虐待事件の加害者である2人の父について、その視点は何らかの手がかりになるかもしれないからです。

父のDVを見て育つ息子

2007年からNPO法人の主催でDV加害者更生プログラムを実施していますが、10年以上の経験から印象に残っているのが、彼らの父との関係です。詳細は省きますが、参加者の男性の8割以上が、「子ども時代に父から母へのDVを目撃した」と述べています。幼いころ、父の暴力から母といっしょに逃げた経験のある男性は珍しくありません。

海外の調査研究によっても、DVをふるうリスクの大きな要因が、子ども時代に父から母への暴力に曝《さら》される（見たり、聞いたりする）ことだと述べられていましたが、その影響が想像以上に深いこともわかってきました。

さらに男児と女児では影響が異なることも徐々に明確になっています。DV目撃の影響には、ジェンダー差が認められるということです。この上ない無力感を抱かされた子どもたちは、**大雑把に分ければ、女児は「自分自身を攻撃しがち」であり、男児は「他者を攻撃しがち」という傾向がある**といわれます。もちろん例外はありますが、父が母に暴力をふるうのを日常的に見ることが、男児の学校でのいじめ行動、弟や妹への暴力、思春期の暴力につながりかねないのです。

加えて、父の態度から「暴力によって解決できないものはない」という信念・認知を刷り込まれることも大きいでしょう。このように、母ばかりでなく、父もその父親からの世代間連鎖と無縁ではないのです。女性とは異なり、妊娠・出産というライフイベントがどこか他人事であるだけに、自分の生育歴を振り返る機会が男性には少ないことも、無自覚な連鎖を生む危険性につながりかねません。

世代間連鎖を防ぐ2つのキーワード

では、世代間連鎖に関して専門家はどのような研究を行っているのでしょう。

日本子ども虐待防止学会（Japanese Society for Prevention of Child Abuse and Neglect）は１９９４年に研究会として発足し、２００４年に学会となりました。虐待にかかわる広範な職種の人たちにより構成され、世代間連鎖に関する研究がいくつも発表されています。

それらの研究から浮かび上がる重要なキーワードは２つあります。ひとつは「**アタッチメント**」、もうひとつは「**感覚否定**」です。この２つの言葉から、世代間連鎖を防ぐことを考えてみましょう。

「アタッチメント」はイギリスの児童精神医学者であるジョン・ボウルビィが提唱したもので、日本語では「愛着」と訳されます。彼は精神分析家でもありましたが、フロイトの提唱したエディプスコンプレックスに代表されるような「性にまつわる発達段階に沿って子どもが成長する」という理論に疑問を持っていました。そして、「子どもの成長は人生早期の母子関係に深く影響を受ける」ことを理論化したのです。子どもが母親的存在から引き離されることを「母性剝奪」と名付け、多大な子どもへの影響を指摘しました。

ボウルビィの理論は、３歳までの子どもは母親がそばにいて育てるべきであるという「３歳児神話」、母親がすべてを犠牲にしてでも子育てに専念しなければ子どもに影響が出るという「母性神話」の強化に利用されたことで、長年、批判の対象とされました。ところが、子どもの虐待が現実的な問題として浮上し、被虐待児のケアが重要な課題となるにつれ、再びアタッチメント理論が注目されるようになったのです。

アタッチメントは、「子どもが不安を感じたときに、養育者にくっつくことで安全感と安心感を回復するシステムである」と定義されます。これをよく読むと、アタッチメントは「愛情」を表しているのではなく、むしろ危機的場面を切り抜けるために必要な「安心感」を表していることがわかります。

つまり、**アタッチメントは「親から子どもに与えるもの」**（**愛情**）**ではなく、「子どもの側が親に求めるもの」**（**安心感**）**なのです**。子どもの側の能動性が前提になっていることが重要です。この言葉は、しばしば親から子への愛情として誤解されますが、そうではないことを強調したいと思います。「アタッチメントが適切に発達する」ということは、子どもが出会う多くの困難や苦痛に対して、最終的に安心できる、つまり人生のよりどころとしてのイメージを持てることを表しています。

「安心感」の持てない子どもに起こること

アタッチメントのシステムが子どもの成長とともに安定的に発達すると、満2歳ごろから、自分と他者との関係性について、心の中のイメージが構成されるようになります。これを内的作業モデル（Internal Working Model）と呼びます。

「自分の感覚は世界から受容されるはずだ」「他者は自分に安心感を与えてくれる」という信頼感が育てば、子どもの心の中には、世界とは、他者とはそのようなものである、というイメージが形成されることになります。ところが、そのような関係が得られないこともあります。

求めてもケアが得られない、安心し切っていたのに突然それが恐怖で中断される、信頼しようとした存在がもっとも恐ろしい存在となる、やさしくされたかと思うと突然放っておかれ脅かされる、といった経験の数々は、子どもに混乱と恐怖、アンビバレンス（両立不能な感覚）を与えるでしょう。一貫性がなかったり、まったく関心が払われなかったりする状態が続くことで、子どもは混乱するのです。

内的作業モデルがうまく形成されず、安心できる定点のようなものがどこにもなかったとしても、子どもたちは成長せざるを得ません。それは親子関係、対人関係におけるさまざまな特徴を生み出すことになるでしょう。

たとえば、ほんとうはケアを求めているのに、わざと求めなかったり、ケアなんか必要ないという態度をとったりします。危険な行動を起こしたり、相手を攻撃したりすることで、ケアを求めていることをわかってもらおうとすることもあります。ときには、反対に相手をケアする側にまわったりします。それ以外にも、アタッチメントが安定的に形成されていないことは、周囲から見るとわけの分からない行動をとったり、ときには過剰にいい子に見えたりという極端さを生み出します。

それらは、たいてい周囲の大人から「本人の個性」「性格」「遺伝」とされがちですし、本人たちもそう思い、成長し、結婚し、やがて親となる時を迎えます。アタッチメントがどのように形成されているかを、多くの人は自覚することはありません。目には見えませんし、自分はそういう人間だと思っているからです。しかし**子育てという事態に直面したとき、それが「感覚否定」という問題となって再浮上するのです**。

子どもの「不快」を受け止められない

子育てで最初に直面するのが、子どもの泣き声です。親は戸惑い、おむつを替えたり、授乳したり、さまざまな手立てを講じます。抱っこしてやさしく揺すったり、トントンと体をたたいたりします。それでも子どもが泣き止まないときに、思わず叩いてしまう、強く揺さぶったりする、中には首を絞めるという親もいます。

育児困難を抱える女性たちのカウンセリングにかかわった経験がありますが、深刻な虐待をくり返す女性も少なくありませんでした。彼女たちはしばしば「子どもが泣くと、不安や憎しみが湧いてくる」「いらいらしたり、何とも言えない気持ちになったりする」と語りました。ときには「心臓がどきどきしたり、呼吸が荒くなったりする」と言う人もいました。

これらは育児ノイローゼと片づけられがちですが、彼女たちの反応をもっと深くとらえる必要があります。**「子どもが泣く」という負の情動に対して、母親も負の反応を生じてしまうことを表しているのです**。「どうしたの、よしよし」と抱っこする以前に、負の情動を示す子どもに対して母親の身体レベルでの拒絶が起き、結果的に子どもの負の情動を拒否してしまうということです。この拒否が**感覚否定**です。

中には、子どもの泣き声を聞くと突然悪い記憶がフラッシュバックするという人もいました。幼いころに負の情動を受け止めてもらえずに拒絶された経験がよみがえるのかもしれません。**自分自身が負の情動を受け止められたという経験がない、負の情動を生み出す感覚が否定されてきたことが、泣く子どもへの身体レベルでの拒否感を生み出している**と考えられるのです。

子どもの側の負の情動は、不快な事態に付随して起きますが、それらはすべて周囲にケアされる必要のあることなのです。空腹、痛み、寒さ、苦しさといった不快感は、助けを求めるために生じるといってもいいでしょう。それらが親から否定されたり、親から攻撃されたりしたらどうなるでしょう。

アタッチメントという言葉を用いれば、まさにそれが形成されることの最大の妨げになってしまうのではないでしょうか。不快で泣くしかできない子どもが、それを拒絶されるということは、感情・情緒を受け止めてもらえないというより、もっと身体感覚に近いものがあるでしょう。

母親にも同時に起きている身体レベルの不快感は、「子どもが自分を不快にする」「子どもが自分を困らせている」「子どもが自分に敵意を持っている」という「**被害的認知**」につながります。外から見ればじつに非合理的と思えるこの被害的な受け止め方は、ときには子どもへの怯えとなったり、怖れ、怒りとなったりすることもあるからやっかいなのです。

虐待のニュースを目にすると、多くの人は「あんな小さな子にどうして」と考えますが、このような被害的認知を知れば、加害者である親たちは心底子どもから自分への攻撃性を感じているのだと思うようになるでしょう。

子どもたちは、泣くことしかできません。だから大声で、ときにはしくしくと泣いて訴えるのですが、泣くことが親の被害的認知と不快感を一層強め、「**どうしてそんなに自分を困らせるのか**」「**泣くことで自分を攻撃しているに違いない**」と思わせることになります。こうして虐待は深化していき、エスカレートするのです。

子どもが泣いたとき、自分に課すべきこと

アタッチメントや感覚否定について述べてきましたが、現在、子育ての真っ最中の人は、とにかく実行しなければならないことがあります。それは、**子どもが泣いたら、とにかく「よしよし」と口に出す**ことです。「よしよし」というのはあやす言葉ですが、「良し」という肯定を表してもいます。とにかく「よしよし」とつぶやくことを自分に課すのです。それが条件反射になるくらい、毎日練習してみましょう。

「自分はそんなふうに言ってもらったことがない」と気づく人もいるでしょう。それはとても重要な気づきだといえます。そして、「私は未経験のことをやろうとしている、なんてすごいんだろう」と、「よしよし」に取り組む自分をほめてあげましょう。一人でぶつぶつ、「よしよし」と言う練習をする、このような練習をして、それを習慣化していく方法を「行動療法」と言います。理由はなんであれ、とにかく行動する、それを習慣化させせ

ることが大切なのです。

もう少し子どもの年齢が上がれば、「いやだ」「お腹が空いた」と言うこともあるでしょう。転べば「痛い！」と言うでしょう。そんなとき、「いやじゃないの」「お腹なんか空いてないの」「痛くない！」と言ってはなりません。それこそ感覚否定だからです。**「痛い」と子どもが言えば「痛いのね」と復唱する。共感できなくても腹が立っても、とにかく子どもの言葉を「復唱」するのです**。感情がこもっていなくても、どこか機械的であったとしても、否定するよりはるかにましだからです。

「痛いの痛いの飛んでけ〜」と言うことは、「痛くないでしょ」が感覚否定であるのに対して、感覚肯定になります。このような伝承された言葉遣いには、感覚否定をしない知恵が詰まっているのかもしれません。

世代間連鎖を防ぐための第一歩

子育てにおいて感覚否定に陥らないためには、子どもの言動に対して自分がどう感じているかを察知する必要があります。「ああ、自分は怯えている」「子どもが泣くとパニックになる」「子どもが泣くと心臓の鼓動が速くなる」といった具合に。そのことは日々の子育ての場面ですぐに自覚できるわけではありません。

自覚するためには、子どものようすと同時に、自分の感覚を観察する必要があります。それをセルフウォッチング（自己観察）と呼びますが、ふっと立ち止まって「今自分はどう感じているのか」と観察してみるのです。自己観察そのものに拒否感を覚える人もいます。自分の感覚を麻痺させるために、酒やクスリなどに依存することもあるほどです。第三者（専門家）の援助を受けながら、自分の感覚に気づけるようにするという、長いプロセスが必要となりますが、けっして不可能ではありません。

自己観察によって、自分が子どもと向き合うときに不意に生じる負の反応を自覚することができます。**なぜ子どもが泣くと、自分が責められたように感じるのか、なぜ子どもがぐずったりダダをこねたりすると、見境もなく怒りが湧いてきて怒鳴りたくなるのか。**このような反応が子どもにとって感覚否定になることを知る必要があります。そしてその多くが、自分が育つ中で経験してきたものだとすれば、自分はそれを繰り返さないようにしなければなりません。

自分が親からどのようなことを継承したか、何を子どもに継承させたくないかを知るために、もう一つ大切なのは生育歴を振り返ることです。ときに振り返ることは苦しかったり、蓋をしておきたいという気持ちから思い出せなかったり、思い出すことで不安定になったりすることも起きます。できれば専門家（カウンセラー）や、おなじ経験をした仲間（友人）などといっしょに振り返るほうが安全かもしれません。

これは私の持論なのですが、妊娠した女性とその夫を対象とした両親学級において、沐浴や授乳を教わるのに加え、そのうちの1回を生育歴作成に当てたらどうかと思っています。夫婦それぞれが生育歴を振り返ることで、改めて、生まれてくる子どもに伝えていきたいこと、継承させたくないことを自覚できるのではないでしょうか。**どの人にも、「自分が親にされたように自分の子どもにはしたくない」という点がひとつはあるはずです。**それを確認するために生育歴を振り返ることは、広義の世代間連鎖の防止ともいえるでしょう。

ここではいくつかの具体的な提言をしましたが、日々の練習を積み重ねることで、子どもに対して望ましい接し方ができるようになると思っています。自分はそうしてもらってこなかったとしても、です。**何より「世代間連鎖を防ぎたい」と願うことそのものが、すでに防止の第一歩なのです。**そんな自分のことを「すばらしい」と、自信を持っていただきたいと思います。

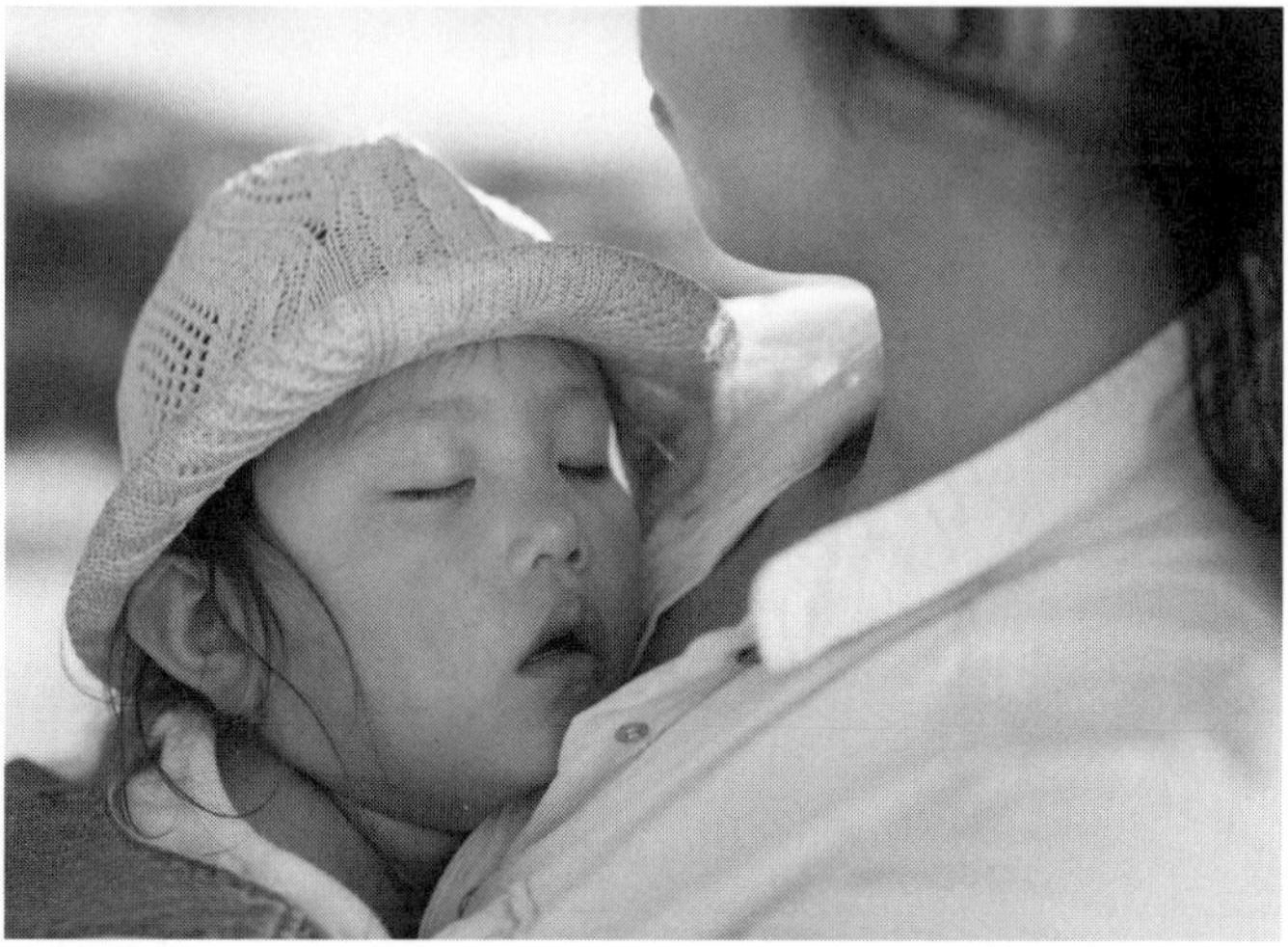

おわりに　～たぶんこれは「最強」の子育て論だ

カウンセラーである私の専門領域はさまざまなアディクション（依存症）、家族関係、DVや虐待などの家族の暴力、性暴力などです。そんな私が子育てについて語るのはどうなんだろう、まして育児書なんて……とずっと考えていました。大学院の専攻は児童学だったのですが、これまでずっと子どもの問題は専門外であるという立場をとってきたのです。たぶんその理由は、20代半ばで精神科病院に勤務することを選び、子どもよりも大人を対象にしようと決意したことにあります。大学院でいっしょだった友人や先輩たちに対する私なりのけじめだったのかもしれません。

そんな私が子育て論を書いてみようかと思ったのは、本書を担当する編集者からの勧めがあったからです。最初は少し迷いましたが、けじめをつけてからもう50年近くが過ぎたからもういいんじゃないか、そう思って書き始めました。

ところがいざスタートしてみると、どうにも路線が決まらず、試行錯誤を繰り返すばかりでした。子育て論なんて上から目線で偉そうではないかと、自分に嫌気まで差してくる始末でした。どうしたもんだろうと、ぼんやりパソコンに向かいながら、ふと気づいたことがあります。ずっと子どもを直接カウンセリングの対象としてこなかったからこそ書けることがあるのではないか、毎日のように、育児書と正反対のようなことばかりする親のことを聞いている私だからこそ書けることがあるのではないか、と。

カウンセリングに来談する多くの人たち（クライエント）は、センセーショナルに報道される悲惨な虐待死事件の被害者と紙一重の人生を送ってきました。ちょっとした偶然で、ひょっとしたら親に殺されていたのではないかと思う人も珍しくありません。1980年代から数え切れないほどそんな経験を聞いてきましたが、彼ら彼女たちは、例外なく、それを繰り返したくない、子どもにあんな経験はさせたくないと言います。自分たちだけでたくさんだと。

だからこそ「結婚しない」「親になりたくない」という決意をする人もいれば、「親になって、自分の子どもがまったく違う、もっと幸せな人生が送れるようにしたい」と言う人もいます。

どちらを選ぶにしても、その人たちが訴えるのは、「これだけはしてほしくなかった」「どうしてあのようなことができたんだろう」という親に対する根底的な問いかけです。50歳になり、60歳になり、そして孫のいる年齢になっても、子ども時代の経験は決して消えることはありません。

実際のカウンセリングで語られる具体的な経験を聞いていると、その時の映像がまるで映画を見ているように浮かんでくるのです。目の前に座っているクライエントが子どもに戻り、会ったこともない母親（ときには父親）の顔やしぐさまでありありと見えるようで、子どもだったその人たちが、どれほど混乱し、恐怖し、どれほどの無力感に襲われたかを、わずかながら追体験できる気がするのです。

同時に、その親たちがどのようなことを考えていたのか（いなかったのか）、何を感じていたのか（いなかったのか）も、想像できる気がします。このような時空を超えたトリップ、内的追体験ができることがカウンセラーとしての特権であるとするならば、そうか、そこから書き始めればいいのではないだろうか、と思ったのです。

そうやって書き進めたのが本書です。

言うなれば、かつては子どもだった人たちが子ども時代を思い出して語る言葉から「逆算」をした子育て論といえるでしょう。答えが出ていて、そこからさかのぼって計算をすることを逆算と呼ぶならば、「こういうことだけはしてほしくなかった」という地点から、逆算をして子育てを考えればいいのではないでしょうか。それが本書の特徴なのです。

多くの育児書は、親に向けて、子どもの望ましい発達、育ちをめざして書かれていますが、それとは真逆の育てられ方をした人たちの経験から、「これだけはしないでおこう」→「こうすればいい」という順序で具体的指針を提案しました。

とかくわが国では、子ども向けには夢と希望を語ることが主流となりがちです。絵本であっても、できるだけ悲惨な現実は避けて、あたたかで幸せな世界を繰り広げることが子どもにとって大切だと考えられているのです。

グリム童話や日本の昔話でも、殺害や残酷な暴力の記述は避けられる傾向にあり、昭和の頃と微妙に内容が変わってきているのを感じます。好意的に解釈すれば、いずれ直面せざるを得ない悲惨な現実から、幼いうちはできるだけ保護して守っておいたほうがいいのではないか、抵抗力の少ない子どもに残酷な現実を見せることはよくないという配慮があるのかもしれません。

おそらくそのような傾向は、絵本の世界だけでなく、育児書にも及んでいるのではないかと思います。

本書はエビデンスや学問的な観点というより、もっとも不幸な事態（虐待や強烈な支配）を子ども時代から経験してきた人たちの、当事者としての経験に立脚しています。夢や希望を語る前に、とにかく殺されないよう、生き延びることだけにすべての力を集中して生きてきた人たちの知恵から学んだことが柱になっています。

言い換えれば、「未来を生きる子どもたちが同じ経験を味わうことがないように」という願いがつまっているのです。このことが、少しオーバーかもしれませんが、本書を「最強」の子育て論と考える理由なのです。

本書を手に取ったみなさまに、ひとつでも子育てにつながるヒントや指針を得ていただければ、そして自分の育てられ方について思いを馳せていただけるなら、それは私にとって望外のよろこびです。

最後になりましたが、講談社 第一事業局 学芸部の嘉山恭子さんには、企画からｗｅｂ

連載まで長い時間をかけてお世話になりました。本書が完成したのもひとえに気長で緻密なバックアップがあったからです。

またカウンセリングを通してこれまでお会いしてきた多くのみなさまにも心よりの感謝を伝えたいと思います。プライバシー保護の観点から、すべてが私の想像力によって再構成した例ばかりですが、忘れられない言葉の数々が本書の土台となっています。

ほんとうにありがとうございました。

西の空にうろこ雲を眺め秋の到来を感じながら

２０１９年９月

信田さよ子

［参考文献］

●大河原美以『子どもの感情コントロールと心理臨床』日本評論社　2015

●春原由紀 編著、武蔵野大学心理臨床センター子ども相談部門『子ども虐待としてのDV―母親と子どもへの心理臨床的援助のために―』星和書店　2011

●杉山登志郎『子育てで一番大切なこと　愛着形成と発達障害』講談社現代新書　2018

●野口裕二『ナラティヴと共同性　自助グループ・当事者研究・オープンダイアローグ』青土社　2018

●ジョセフ・V・チャロッキ、アン・ベイリー『認知行動療法家のためのACT《アクト》ガイドブック』武藤崇、嶋田洋徳 訳・監訳、黒澤麻美、佐藤美奈子 訳　星和書店　2011

●杉山春『ネグレクト 育児放棄　真奈ちゃんはなぜ死んだか』小学館文庫　2007

●マーサ・A・ファインマン『ケアの絆　自律神話を超えて』穐田信子、速水葉子 訳　岩波書店　2009

●樋口進『ネット依存症のことがよくわかる本』講談社　2013

●本田美和子、イヴ・ジネスト、ロゼット・マレスコッティ『ユマニチュード入門』医学書院　2014

●ジョン・ボウルビイ『ボウルビイ母子関係入門』作田勉 監訳　星和書店　1981

＊本書は、２０１７年3月～２０１９年2月に
ウェブメディア「現代ビジネス」に掲載された原稿を再構成して
加筆・修正し、書き下ろしを加えたものです。

本文写真
27ページ　iStock/avtk
87ページ　iStock/CherriesJD
169ページ　iStock/HAKINMHAN
229ページ　iStock/Hakase_

｜著　者｜信田 さよ子
公認心理師・臨床心理士。1946年岐阜県生まれ。お茶の水女子大学文教育学部哲学科卒業、同大学大学院修士課程家政学研究科児童学専攻修了。1995年に原宿カウンセリングセンターを設立、初代所長を務める。現在、同センター顧問。親子・夫婦関係、アディクション（依存症）、暴力、ハラスメントといった問題に悩む人たちやその家族にカウンセリングを行っている。『母が重くてたまらない』『〈性〉なる家族』（以上、春秋社）、『カウンセラーは何を見ているか』（医学書院）、『母・娘・祖母が共存するために』『あなたの悩みにおこたえしましょう』（以上、朝日新聞出版）、『アダルト・チルドレン』（学芸みらい社）など、著書多数。

後悔《こうかい》しない子《こ》育《そだ》て
世代間連鎖《せだいかんれんさ》を防《ふせ》ぐために必要《ひつよう》なこと　こころライブラリー

2019年10月16日　第1刷発行
2022年 1 月 7 日　第2刷発行

著　者　信田《のぶた》 さよ子《こ》
発行者　渡瀬昌彦
発行所　株式会社講談社
東京都文京区音羽二丁目12－21　郵便番号112－8001
電話番号　編集　03－5395－3560
販売　03－5395－4415
業務　03－5395－3615
印刷所　株式会社新藤慶昌堂
製本所　株式会社若林製本工場

ISBN978-4-06-517441-8
N. D. C. 367　238p　19cm